Michaela Rung-Kraus
Claudia Schulte zur Surlage

Kaufmann/Kauffrau für Büromanagement

Lerntrainer Wahlqualifikation
Modul Assistenz und Sekretariat
– mit Übungen –

Bestell-Nr. 2310

u-form Verlag · Hermann Ullrich GmbH & Co. KG

Deine Meinung ist uns wichtig!

Du hast Fragen, Anregungen oder Kritik zu diesem Produkt?
Das u-form Team steht dir gerne Rede und Antwort.
Einfach eine kurze E-Mail an **feedback@u-form.de**

8. Auflage 2025 · ISBN 978-3-95532-310-3

© u-form Verlag | Hermann Ullrich GmbH & Co. KG
Cronenberger Straße 58 | 42651 Solingen
Telefon: 0212 22207-0 | Telefax: 0212 22207-63
Internet: www.u-form.de | E-Mail: uform@u-form.de

Alle Rechte liegen beim Verlag bzw. sind der Verwertungsgesellschaft Wort, Untere Weidenstraße 5, 81543 München, Telefon 089 514120, zur treuhänderischen Wahrnehmung überlassen. Damit ist jegliche Verbreitung und Vervielfältigung dieses Werkes – durch welches Medium auch immer – untersagt.

Inhalt

Vorwort & mehr

Vorwort 5

Lernen mit Freunden! 6

Stark sein! Persönliche Kompetenzen 7

1. **Ausbildungsbetrieb**
   - 1.1 Sekretariat und Assistenz als Teil der Organisation 8
   - 1.2 Sekretariat/Assistenz und Team 10
   - 1.3 Umgang mit Führung 11

2. **Sekretariatsführung**
   - 2.1 Methoden des Selbstmanagements 13
   - 2.2 Kommunikationstechniken und -prozesse 35
   - 2.3 Kommunikation situationsgerecht gestalten 46
   - 2.4 Kommunikationsstörungen vermeiden 55
   - 2.5 Kleinprojekte 64
   - 2.6 Umweltbewusstsein im Büro 72

3. **Terminkoordination und Korrespondenzbearbeitung**
   - 3.1 Termine koordinieren und überwachen 73
   - 3.2 Informationen und Arbeitsergebnisse bereitstellen 83
   - 3.3 Informationen und Dokumente zusammenstellen 87
   - 3.4 Über Dringlichkeit der Informationen entscheiden 94
   - 3.5 Geschäftskorrespondenz führen 98

4. **Reise- und Veranstaltungsorganisation**
   - 4.1 Reisen organisieren 108
   - 4.2 Veranstaltungen organisieren 110
   - 4.3 Unterlagen zusammenstellen 115

Anhang

Tipps für den Report 121

Abkürzungsverzeichnis 122

Fremdwörterlexikon 122

Bildnachweis 126

Lösungen 127

Verzeichnis der Übungen

Übung 1	Organigramm	9
Übung 2	Prozesskette	10
Übung 3	To-do-Liste	29
Übung 4	Selbstmanagement	33
Übung 5	Gesprächsnotiz	38
Übung 6	Kundenfreundliche Kommunikation	51
Übung 7	Kommunikation auf Englisch	54
Übung 8	Konflikte	63
Übung 9	Projektplanung	70
Übung 10	Arbeiten mit Outlook Kalender	76
Übung 11	Aufbewahrungsfristen	78
Übung 12	Umsatzstatistiken bereitstellen	84
Übung 13	Säulendiagramm	90
Übung 14	Grafiken erstellen mit PowerPoint	91
Übung 15	Dringlichkeit von Informationen	97
Übung 16	Geschäftskorrespondenz	99
Übung 17	Veranstaltung organisieren	114
Übung 18	Reisekostenabrechnung	117

Hinweis

Zusatzinfos und Report-Leitfäden kannst du hier herunterladen:

www.u-form.de/addons/2310-2025.zip

Vorwort

Hilfe, die Lernmonster kommen! Diese Horrorvorstellung kennen die meisten Schüler, wenn sie ihre Lehrbücher aufschlagen, und ihnen Texte aus Kleinstbuchstaben entgegenspringen, die sie fünf Mal lesen müssen, um sie zu verstehen. Da ist die Motivation schnell im Keller.

Die u-form PLUS Reihe ist anders. Wir erklären Dir das Fachwissen und selbst komplizierte Zusammenhänge anschaulich und in einer verständlichen Sprache.

In diesem Modulheft vertiefst Du Dein Wissen für die Wahlqualifikation **Assistenz und Sekretariat**. Wir haben den Prüfungsstoff in gut strukturierte Bausteine zerlegt, damit Du Schritt für Schritt vorgehen kannst.

Die Übungen beziehen sich auf betriebliche Aufgaben und Abläufe. Das macht sie zu einem anschaulichen Training für die Themen des **fallbezogenen Fachgesprächs**. Mit einem Anteil von 35 Prozent hat dieses einen erheblichen Einfluss auf Deine Endnote. Du musst dabei vermitteln, dass Du komplexen, berufstypischen Aufgaben gewachsen bist.

Du kannst zwischen zwei Prüfungsarten wählen:

1. **Report-Variante**: Du schreibst in jeder der beiden Wahlqualifikationen einen maximal dreiseitigen Report über eine durchgeführte, betriebliche Fachaufgabe. Der Prüfungsausschuss legt dann zur Prüfung fest, über welche WQ er die mündliche Prüfung abhalten wird (mehr dazu auf S. 121).

2. **Klassische Variante**: Du erhältst zwei praxisbezogene Aufgaben zur Auswahl und entscheidest, welche Du bearbeiten und dann besprechen möchtest.

Die Prüfungszeit setzt sich aus 15 Minuten Vorbereitung und 20 Minuten Fachgespräch zusammen – das ist zu schaffen, eine Prüfung ist kein Monster!

Viel Spaß beim Lernen wünscht Dir

Dein u-form PLUS Team.

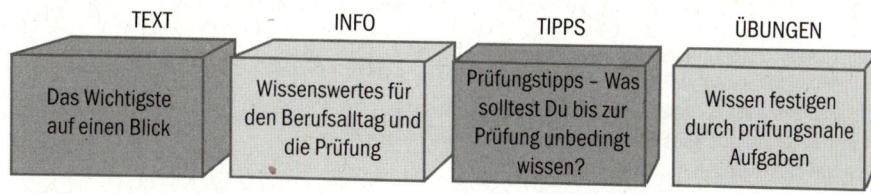

Die u-form PLUS Lerngruppe – Lernen mit Freunden
Leichter zur Prüfung mit Jan, Lara, Anna, Erkan und Kim

Hallo!

Liebe Auszubildende, lieber Auszubildender,

wir sind Jan, Lara, Anna, Erkan und Kim!

Jan

Lara

Anna

Erkan

Kim

CHECK
Basis-Prüfungswissen findest Du in den **Lernkarten PLUS**, Bestell-Nr. 2304 und in den **Lernkarten Abschlussprüfung**, Bestell-Nr. 2300.

Alle Personen, Unternehmen und Handlungen im Text sind frei erfunden. Eventuelle Ähnlichkeiten mit realen Personen sind rein zufällig.

Vielleicht hast Du uns schon auf den **Lernkarten PLUS** getroffen. Jetzt sind die beiden fünfmonatigen Wahlqualifikationen an der Reihe und wir müssen bis zur Abschlussprüfung noch einmal richtig Gas geben.

Die IHK verlangt, dass wir selbständig arbeiten und mehrschichtige und umfangreiche Aufgaben lösen. Wir müssen also auch persönliche Kompetenzen entwickeln und stärken. Gar nicht so leicht, das alles hinzukriegen. Aber mit dem Wissen und den Übungen aus diesem Modulheft werden wir es hundertprozentig schaffen. Fachwissen und Fleiß gehören natürlich auch dazu.

Wir drücken Dir die Daumen!

Jan, Lara, Anna, Erkan und Kim

Stark sein! Persönliche Kompetenzen

Fit für den Beruf!

Wissen ist das eine, persönliche Stärke das andere. In diesem Modulheft wird es deshalb immer wieder um die persönlichen Kompetenzen gehen, um selbstbewusst und erfolgreich das Berufsleben zu meistern.

Selbstsicherheit	Wünsche äußern und klar formulieren • sicher auftreten
Entscheidungsfähigkeit	spontan und eindeutig festlegen, was zu tun ist • zügig über eine Sache bestimmen
Eigeninitiative	aus eigenem Antrieb heraus handeln • motiviert sein, etwas selbst zu gestalten
Selbstmanagement	gesetzte Ziele erreichen • vorhandene Zeit durch geschickte Planung sinnvoll nutzen
Stressbewältigung	ohne Druck und Mühe arbeiten • belastende Situationen sachlich lösen
Handlungskompetenz	Fachwissen und Selbstbewusstsein besitzen • sich sozial angemessen verhalten
Zielstrebigkeit	Ziele definieren (= festlegen) • auf Ziele hinarbeiten
Ordnung	„ist das halbe Leben" • ergonomische Anordnung am Arbeitsplatz
Kommunikationsstärke	Kommunikationsstörungen vermeiden • Konflikte lösen
Krisenmanagement	mit Tiefschlägen rechnen • mit Niederlagen fertigwerden
Persönlichkeitsanalyse	persönliche Ziele definieren • überlegen, wo man in zehn Jahren stehen möchte
Zeitmanagement	Zeitplanung und Überblick behalten • Prioritäten setzen

1. Ausbildungsbetrieb
1.1 Sekretariat und Assistenz als Teil der Organisation

Einleitung
Aufgaben im Bereich Assistenz und Sekretariat • Stelle • Organisation

Welche Rolle spielt das Sekretariat?

Ein gutes Sekretariat ist Glückssache – es hängt einzig und allein von der **Besetzung der Stelle** ab. Alles steht und fällt mit der Kompetenz und Persönlichkeit des Sekretärs/der Sekretärin oder des Assistenten/der Assistentin. Ist er/sie unorganisiert, ständig gehetzt und übel gelaunt, breitet sich im gesamten Umfeld schlechte Stimmung aus. Stimmt jedoch die Chemie zwischen ihm/ihr und dem Rest des Unternehmens, gilt er/sie als gute Seele des Hauses.

Die Arbeit im Teilbereich Assistenz und Sekretariat ist abwechslungsreich und manchmal eine richtige Herausforderung.

Hier muss ein Sekretär/eine Sekretärin oder ein Assistent/eine Assistentin arbeiten, der/die über Prioritäten entscheiden, kostenbewusst handeln, Probleme zielorientiert lösen und Kommunikation lenken kann. Der Job erfordert Selbstmanagement, kommunikative Kompetenz, sicheres Organisationstalent, Führungsqualitäten zur Mitarbeitermotivation und Verantwortungsübernahme für Sicherheit, Ordnung und Sauberkeit.

Welche Aufgaben gehören dazu?

Es geht um **drei große Themen**:

1. Sekretariatsführung
2. Terminkoordination und Korrespondenzbearbeitung
3. Organisation von Reisen und Veranstaltungen

Einleitung

Aufgaben im Bereich Assistenz und Sekretariat • Stelle • Organisation • ÜBUNG

1. Ausbildungsbetrieb

1.1 Sekretariat und Assistenz als Teil der Organisation

Ganz schön viel, aber auch spannend! Sekretariat und Assistenz sind Positionen, auf denen sich zeigen lässt, was man kann.

Vor dem Einstieg in die drei großen Themen soll zunächst geklärt werden, welche Rolle das Sekretariat im Ganzen spielt. Dazu ein Blick ins Innenleben einer **Organisation**: Viele Unternehmen sind durch klare Wege und Strukturen, eine bestimmte Hierarchie und eindeutig definierte Zuständigkeiten geprägt. Dieses gesamte, miteinander vernetzte Liniensystem bildet die Organisationsstruktur. Innerhalb dieser regelt eine Ablauforganisation die organisatorischen Abläufe der Arbeitsprozesse, eine Aufbauorganisation die Stellenbildung. Das Sekretariat ist in der Aufbauorganisation ein Bindeglied zwischen der Geschäftsführung und dem Rest der Firma.

Mitarbeiter/Mitarbeiterinnen in dieser Position erhalten meistens bestimmte Vollmachten. Die Führungskraft wird dadurch im Arbeitsalltag entlastet, kann aber auch bei Krankheit oder im Urlaub vertreten werden. Vollmachten stellen sicher, dass Sekretäre und Sekretärinnen sowie Assistenten und Assistentinnen Rechtsgeschäfte rechtsgültig abwickeln können.

ÜBUNG 1   Organigramm

Stell die Struktur deines Ausbildungsbetriebs in einem Organigramm dar und beschreibe die Organisationsstruktur sowie die Rechtsform in einem halbseitigen Text.

INFO

Durften Sie das? Waren Sie dazu bevollmächtigt? Wenn ein Prüfer in der mündlichen Prüfung im Zusammenhang mit der Fachaufgabe danach fragt, erkundigt er sich, ob Du ermächtigt warst, eine bestimmte Handlung durchzuführen. Denn: Eine Vollmacht ist Voraussetzung für die Rechtsgültigkeit vieler Tätigkeiten im Arbeitsalltag, z. B. für Geschäfte mit Dritten, den Einkauf von Arbeitsmaterial oder den Abschluss eines Vertrags. Du musst sich also mit den Vollmachten auskennen. Auch in der schriftlichen Prüfung kommen sie immer wieder vor. Zum Auffrischen: Ein ausführlicher Überblick ist in den Add-ons zu diesem Modulheft zu finden.

Teambildung

Team • Projektgruppe • Gruppenbildungsprozess • ÜBUNG

Ein Team entsteht

In vielen Fällen heißt das Sekretariat gar nicht mehr so, sondern **Assistenz oder Assistenz der Teamleitung.** Dann wurde die klassische Form der Aufbauorganisation um ein **Team** oder eine **Projektgruppe** erweitert. Die Assistenzstelle ist ebenso wie das Sekretariat ein Dreh- und Angelpunkt innerhalb des Unternehmens. Hier läuft alles zusammen, von der Postbearbeitung bis zur personellen Steuerung und der Betreuung der laufenden Projekte.

Das Team ist in diesem Fall eine Gruppe aus Menschen, die die Geschäftsführung für einen bestimmten Zweck bildet. Diese **formelle Gruppe** ist dadurch gekennzeichnet, dass sie bewusst gebildet wird.

Die Phasen der Gruppenbildung lauten: Forming, Storming, Norming und Performing.

Ein Gruppenbildungsprozess durchläuft die vier Phasen Orientierung (Forming), Konflikt (Storming), Normierung (Norming) und Leistung (Performing). Die Orientierungsphase dient dem Kennenlernen, danach nehmen die Gruppenmitglieder ihre Rollen ein und tragen die dabei entstehenden Unstimmigkeiten in der Konfliktphase aus. In der Normierungsphase finden schließlich alle einen gemeinsamen Konsens, um dann in der Leistungsphase miteinander zu kooperieren und sich auf die eigentliche Aufgabe zu konzentrieren. Hat die Gruppe das Ziel erreicht, geht sie auseinander.

ÜBUNG 2   Prozesskette

Stell die Phasen der Gruppenbildung mithilfe einer Prozesskette als zeitlich-logische Abfolge dar. Beachte dabei auch den Teilprozess der „Neubildung", der sich aus der Integrationsphase ergibt und in die Konfliktphase mündet.

Führungsstile
Klassische Führung • Extremsituationen

1. Ausbildungsbetrieb
1.3 Umgang mit Führung

I feel good

Am Knotenpunkt Sekretariat oder Assistenzstelle müssen Sekretäre/Sekretärinnen und Assistenten/Assistentinnen sich einerseits auf den Führungsstil ihrer Vorgesetzten einstellen – auf der anderen Seite sind sie selbst in der Position, führen zu müssen. Dann nämlich, wenn sie Informationen und Arbeitsergebnisse bei ihren Kollegen einfordern oder Aufgaben delegieren. Welche Führungsstile sind möglich und wie werden sie nicht nur im Alltag, sondern auch in Extremsituationen eingesetzt?

Die drei **klassischen Führungsstile** (nach Kurt Lewin) lauten

- autoritär,
- demokratisch (oder kooperativ) und
- laissez-faire.

In Verwaltungen ist zudem der **bürokratische Stil** anzutreffen. In einer Firma hängt viel von einer ausgezeichneten, zur Unternehmenswelt passenden Führung ab: Motivierte Mitarbeiter, effektive Produktion und ein gutes Betriebsklima.

Zum Führen gehört: Motivieren, kontrollieren, delegieren, lenken, kollaborieren, dirigieren, koordinieren, anleiten und partizipieren.

Auch in problematischen Situationen ist die Art der Führung von Bedeutung. Eine Extremsituation ist eine Herausforderung, die von führenden Personen angemessenes Handeln erfordert. Das kann eine Arbeitsverweigerung sein, ein Unfall am Arbeitsplatz, eine Kündigung oder die Betreuung eines kranken Mitarbeiters.

1. Ausbildungsbetrieb
1.3 Umgang mit Führung

Veränderung in der Führung
Work-Life-Balance • Feelgood-Manager

I feel better

Eine charismatische Führung ist ein Phänomen, das mehr als die reine Technik beinhaltet. Viele Unternehmen stellen sich auf **Work-Life-Balance** ein und setzen auf **Feelgood-Manager**, die Verantwortung für den Wohlfühlfaktor der Mitarbeiter tragen und daher über ein hervorragendes Gespür für Menschen verfügen müssen.

Work-Life-Balance beschreibt das Gleichgewicht zwischen dem Arbeits- und Privatleben. Anna und Kim haben das in ihren Ausbildungsbetrieben kennengelernt und finden es großartig. Aber auch ihre Firmen haben davon Vorteile. Angestellte, die sich wohl fühlen, sind als Triebwerke für wirtschaftliche Stabilität und Wachstum zuverlässig im Einsatz. Ein Mitarbeiter, dem es gut geht, ist kreativ und belastbar, er ist einer, der mitdenkt.

Die Pluspunkte für Unternehmen, die auf ein Work-Life-Balance-Konzept setzen, sind...

...zufriedene Mitarbeiter, die leistungsfähiger sind,

...echte Identifikation mit dem Unternehmen,

...positive Kundenbeziehungen,

...verringerte Abwesenheitszeiten,

...geringere Fluktuation und

...ein vorbildliches Image.

INFO
Betriebliche Work-Life-Balance-Maßnahmen sind:
- individuell anpassbare Arbeitszeitmodelle • flexible Arbeitsorte (Einsatz digitaler Medien; Homeoffice)
- weniger straffe Führung • gesundheitspräventive Maßnahmen • individuelle Laufbahnplanung

Einleitung Selbstmanagement
Optimierung • Strukturierung

2. Sekretariatsführung
2.1 Methoden des Selbstmanagements

Time is money!

Gut also, wenn einerseits die Führung herausragend ist, gut aber auch, wenn die Mitarbeiter sich nicht nur wohl fühlen, sondern auch einen Plan haben! Und zwar davon, wie sie ihre eigene Arbeit organisieren. Sie müssen ihre Aufgaben und Abläufe so strukturieren, dass sie keine Zeit verplempern. Die **Optimierung** der eigenen Handlungsabläufe hin zu Wirtschaftlichkeit und Sparsamkeit ist das oberste Gebot.

Dafür müssen die Mitarbeiter ein gutes **Selbstmanagement** besitzen. Sich selbst zu managen bedeutet jedoch nicht nur, seine Zeit optimal einzuteilen, sondern auch Verantwortung für seine persönliche und berufliche Entwicklung zu übernehmen.

Es geht um:
- Prioritäten setzen
- Verbesserungsprozesse
- Selbstbeobachtung und Selbstkontrolle
- SMART
- ALPEN-Methode
- To-dos
- Pareto
- ABC
- Eisenhower-Methode
- GTD = Getting Things Done
- Optimierung

2. Sekretariatsführung
2.1 Methoden des Selbstmanagements

Einleitung Selbstmanagement
Fähigkeiten • Vorteile

Im Vorteil sein

Wer das Handwerkszeug zum Selbstmanagement beherrscht, ist klar im Vorteil, denn er besitzt die **Fähigkeit** zu:

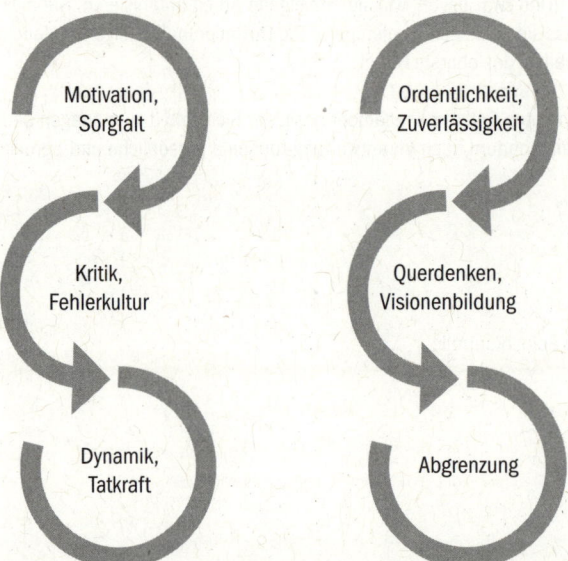

Motivation, Sorgfalt
Kritik, Fehlerkultur
Dynamik, Tatkraft

Ordentlichkeit, Zuverlässigkeit
Querdenken, Visionenbildung
Abgrenzung

Tipp von Jan

Was Du von Selbstmanagement hast:

1. Du lernst, wichtige Aufgaben zu erkennen.
2. Du bist fleißiger.
3. Du hast weniger Stress.
4. Du lernst aus Fehlern.
5. Du hast mehr Freizeit.
6. Du besitzt mentale Stärke.

INFO
Die Begriffe Selbstmanagement und Zeitmanagement werden häufig in einen Topf geworfen. Es ist aber so: Selbstmanagement umfasst viel mehr als reines Zeitmanagement: Wer seine Zeit im Griff hat, muss darüber hinaus auch mit sich selber im Reinen sein und über ein stabiles „Ich" verfügen.

Erste Tipps

Überblick • Priorisieren • Planen • Bewerten • Hinterfragen

2. Sekretariatsführung
2.1 Methoden des Selbstmanagements

Simsalabim?

Pünktlich Feierabend machen ist keine Zauberei, sondern das Ergebnis eines runden Selbstmanagements. Mit den entsprechenden, ineinandergreifenden Fähigkeiten ist es zu schaffen, in einem vorgegebenen Zeitraum bestimmte Aufgaben abhaken zu können. Kim ist etwas unorganisiert und kriegt das leider fast nie hin, sie braucht ein paar Anregungen!

Erste Tipps:

- sich morgens einen Überblick verschaffen — Was ist heute alles zu tun? Was steht auf der To-do-Liste?
- priorisieren — Was ist wichtig und muss als erstes erledigt werden?
- Aufgaben zeitlich planen — Wie lange dauert jeder Punkt?
- bewerten — Was ist gut gelaufen? Wo lauerten Fallen und Zeitfresser?
- sich selbst hinterfragen — Wo muss ich mein Handeln oder Denken ändern?

INFO
MANAGEN bedeutet leiten, koordinieren, bewältigen, handhaben, bewerkstelligen, betreuen, organisieren, klären

2. Sekretariatsführung
2.1 Methoden des Selbstmanagements

ALPEN-Methode
Tagesstrukturierung

Der Berg ruft

Genug Zeit für alle Aufgaben haben – wie ist das zu schaffen? Ein relativ sicheres Hilfsmittel für die **Tagesstrukturierung** ist die **ALPEN-Methode**. Damit ist jeder Arbeitsberg zu bewältigen, sogar Kim kann damit ihre Unorganisiertheit in den Griff bekommen. Hinter dieser Herangehensweise steckt das Prinzip, maximal 60 Prozent der verfügbaren Zeit fest zu verplanen, 40 Prozent dienen als Puffer. Weiterhin wird besonderen Wert auf die **Nachkontrolle** gelegt, um festzustellen, welche Aufgaben aus welchem Grund liegen geblieben sind und auf den kommenden Tag verschoben werden mussten.

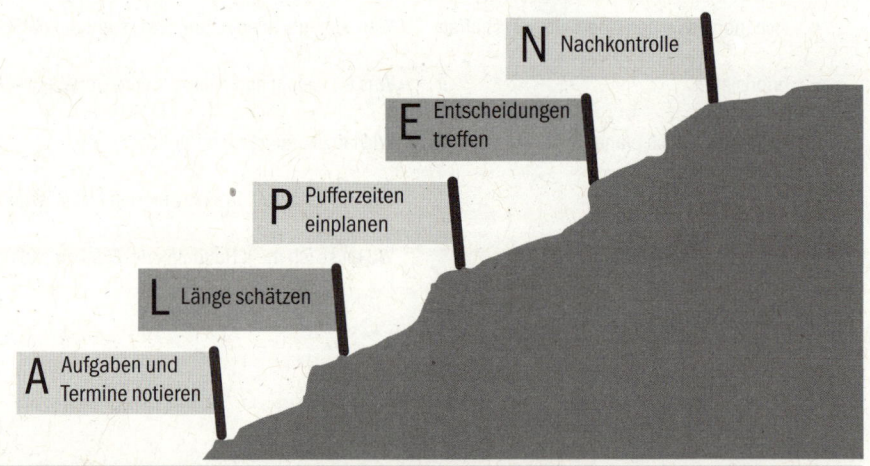

Tipp von Kim

Ob wir die ALPEN-Methode im Berufsalltag wirklich umsetzen, hängt von vielen Faktoren ab. Ich bin leider sowieso etwas chaotisch. Und dann stellen sich auch noch die Fragen: Bestimme ich wirklich selber über meinen Tag oder mein Chef oder Abteilungsleiter? Kann ich tatsächlich 40 Prozent Pufferzeit einkalkulieren oder ist das gar nicht drin? Wie auch immer die Praxis aussieht, merken wir uns die Theorie. Die ALPEN-Methode könnte in der Prüfung abgefragt werden.

INFO
Der Sinn der ALPEN-Methode verpufft, wenn die Tagesplanung selbst drei Stunden dauert! Dafür sollte höchstens eine Viertelstunde angesetzt werden. Mittel, um sich einen Überblick zu verschaffen: To-do-Listen • Checklisten • Organizer • Wiedervorlagemappen • Kalender • Outlook • Zeitplanbuch

ALPEN-Methode
A L P E N

2. Sekretariatsführung
2.1 Methoden des Selbstmanagements

Akronym-Akrobatik

Für das Akronym* **ALPEN** sind mehrere Definitionen im Umlauf. Im Zusammenhang mit Sekretariatsführung erscheint folgender Vorschlag sinnvoll:

A für: Aufgaben und Termine notieren		Alles, was zu erledigen ist, wie Arbeitsaufgaben, E-Mails, Geschäftskorrespondenz oder Telefonate, muss auf einer **To-do-Liste** gesammelt werden – wirklich alles.
L für: Länge einschätzen		Die Dauer der Aufgaben muss realistisch beurteilt und die Zeit darf nicht zu knapp bemessen werden. Das heißt konkret: Zeitlimit setzen oder Uhrzeiten bestimmen.
P für: Pufferzeit einkalkulieren		60 Prozent der Zeit können verplant werden, 40 Prozent sind als Puffer für spontane Aufgaben und Problemlösungen gedacht.
E für: Entscheidungen priorisieren		Wichtiges ist von Unwichtigem zu trennen! (siehe auch ABC-Methode; Eisenhower-Methode)
N für: Nachkontrolle		Zeitfresser entlarven und Fallen ermitteln!

> **INFO**
> *Akronym = Anfangsbuchstaben werden zu einem neuen Wort zusammengesetzt

© u-form Verlag – Kopieren verboten!

2. Sekretariatsführung
2.1 Methoden des Selbstmanagements

SMART-Methode

Zielfestlegung • Messbarkeit • Attraktivität • Realitätsnähe • Terminierung

Ziele sind SMART

Auf die Plätze... fertig... los! Wer weiß, was er will, kann Gas geben. Um das Ziel präzise zu definieren, wird häufig die **SMART-Methode** angewendet. SMART steht für: **Spezifisch, Messbar, Attraktiv, Realistisch und Terminiert.** Diese Eigenschaften sollten auf ein Ziel zutreffen, damit eine echte Chance besteht, es zu erreichen.

Spezifisch	unmissverständliche Zielformulierung mit einer eindeutigen und ausdrücklichen Absicht, nicht mit einem Wunsch: „ich werde", nicht „ich möchte"
Messbar	objektive Merkmale (= Zahlen; Kriterien), die zeigen, ob das Ziel erreicht wurde oder nicht
Attraktiv	durchweg positive Zielformulierung
Realistisch	„machbar", nicht utopisch (= unerreichbar), dabei gleichzeitig herausfordernd
Terminiert	einen Stichtag festlegen – ein Zeitrahmen vermittelt Dringlichkeit, und weitere organisatorische Abläufe werden erleichtert

Wichtig! Ziele müssen nicht nur gedacht oder besprochen, sondern aufgeschrieben werden. Die schriftliche Formulierung ist das A und O, um nicht ziellos umherzuirren. Ein Ziel als Gedankengebilde im Kopf bleibt dort zu oft als guter Vorsatz stecken.

Tipp von Lara

Wenn es in der Fachaufgabe um Zielsetzung geht, können wir punkten, wenn wir die SMART-Methode mit in unsere Erläuterung einbeziehen.

INFO

Nicht 10 Ziele gleichzeitig verfolgen! Die Konzentration liegt auf **einer** Sache. Erst wenn diese fertig ist, kommt die nächste an die Reihe. Eine umfangreiche Aufgabe wird zerlegt, sodass erreichbare Teilziele entstehen.

SMART-Methode
Beispiel 1

2. Sekretariatsführung
2.1 Methoden des Selbstmanagements

Smart zur Prüfung

Lara hat die SMART-Methode in ihrem Ausbildungsbetrieb schon angewendet und ist begeistert. Als nächstes wird sie die SMART-Methode für die Prüfungsvorbereitung einsetzen. Da dies eine äußerst umfangreiche Aufgabe ist, hat sie sich Teilziele gesteckt. Eines davon ist die Vorbereitung mit Lernkarten.

spezifisch	Ich werde mich mit den Lernkarten auf die Prüfung vorbereiten.
(unspezifisch)	Ich muss für die Prüfung lernen.)
messbar	Ich schaffe zwei Karten pro Tag.
(nicht messbar)	Mal sehen, wie viele ich schaffe.)
attraktiv	Ich werde jeden Tag zwei Lernkarten durchgehen, mache mich damit effektiv mit möglichen Inhalten der Prüfungsaufgaben vertraut und erhalte am Ende eine gute Note.
(unattraktiv)	Ich könnte die Lernkarten durchgehen, aber wer weiß, ob ich die Prüfung wirklich bestehe?)
realistisch	Ab jetzt gehe ich jeden Tag zwei Karten durch.
(utopisch)	Ich gehe jeden Tag 20 Karten durch.)
terminiert	Ich beginne heute und arbeite bis zur Prüfung damit.
(nicht terminiert)	Ich arbeite in nächster Zeit damit.)

Lara formuliert hier ein spezifisches, messbares, attraktives, tatsächlich zu einem bestimmten Zeitpunkt zu erreichendes Ziel.

So klappt's!

2. Sekretariatsführung
2.1 Methoden des Selbstmanagements

SMART-Methode
Beispiel 2

Ein Beispiel mit Kriterien

Nächstes Jahr werde ich schon irgendwann einen Arbeitsplatz finden. So formuliert, steht das Ziel „Job" in den Sternen. Eine klare Zielsetzung muss her: *Ich werde bis Februar nächsten Jahres einen Arbeitsplatz finden, der zu mir passt!* Damit steht das konkrete Ziel schon einmal fest. Aber in diesem Fall sind in Bezug auf die Konkretisierung und Messbarkeit weitere Kriterien im Spiel.

Die schriftliche Formulierung nach der SMART-Methode könnte folgendermaßen aussehen.

Spezifisch   Ich werde einen Arbeitsplatz finden. Dafür überlege ich, welche Kriterien mein zukünftiger Arbeitgeber erfüllen muss:

- mittelständisches Unternehmen
- eigenverantwortliches Arbeiten
- junges Team
- Umkreis 30 km
- Gehalt mindestens nach Tarif
- Beginn 02/2026
- Ich brauche ein gutes Bauchgefühl.

Ein anderes Beispiel für spezifische Kriterien:
- Verwaltung
- Sonderzuwendung: Weihnachtsgeld
- Umkreis 5 km
- Beginn ab 02/2026
- Fortbildungsangebote

Messbar   Ich liste die Kriterien in einer Tabelle auf und zähle ab, welches Unternehmen die meisten Punkte erfüllt (siehe nachfolgende Tabelle).

Attraktiv   Ich beende meine Ausbildung Anfang 2026 und starte möglichst im Februar 2026 ins Berufsleben. Nicht: Ich werde eventuell einen Arbeitsplatz finden und wer weiß, ob er mir dann auch gefällt.

SMART-Methode
Beispiel 2

Realistisch Sind die gennannten Kriterien realitätsnah? „Ich möchte auf dem Mond arbeiten", wäre unrealistisch. „Ich möchte im Umkreis von 30 Kilometern arbeiten" ist realistisch. Ich prüfe anhand aktueller Stellenanzeigen, ob meine Kriterien „machbar" oder utopisch sind.

Terminiert Ich werde ab 02/2026 eine Stelle haben. Dafür schicke ich die Bewerbungen fristgerecht ab: Unternehmen eins möchte die Unterlagen bis zum 30.09.2025 erhalten haben, Unternehmen zwei bis zum 15.10.2025 und Unternehmen drei bis zum 31.10.2025.

Kriterium	Erfüllung Bewerbung 1	Erfüllung Bewerbung 2	Erfüllung Bewerbung 3
mittelständisches Unternehmen	↑	↑	↑
eigenverantwortliches Arbeiten	↓	↓	↑
junges Team	↑	↓	↑
Umkreis 30 km	↑ 5 km	↑ 20 km	↓ 38 km
Gehalt mindestens nach Tarif	↓	↑	↑
Beginn 02/2026	↑	↓	↑
Bauchgefühl	↓	↑	↑

Statt der Pfeile lässt sich auch ein **ja** oder **nein** einsetzen, oder die Zeichen +++, ++, +, –, – –, – – –, mit denen noch eine Abstufung dargestellt werden kann. +++ steht für die absolute Erfüllung eines Kriteriums, + wäre erfüllt, aber nicht mehr in so großem Maß usw. – ähnlich dem Notensystem in der Schule.

> **Tipp von Lara**
>
> Ein Blick in die Kriterien-Tabelle: Hier ist der Fall klar, es wird das Unternehmen Nummer 3, dafür wird die größere Entfernung von 38 Kilometern in Kauf genommen. Wenn Du selber eine solche Tabelle erstellst, die meisten Pfeile aber nach unten zeigen, solltest Du die Kriterien noch einmal in punkto Machbarkeit überprüfen. Vielleicht hast Du Dir doch ein unrealistisches Ziel gesetzt.

2. Sekretariatsführung
2.1 Methoden des Selbstmanagements

2. Sekretariatsführung
2.1 Methoden des Selbstmanagements

ABC-Methode
Priorität • Sehr wichtig • Wichtig • Weniger wichtig

A, B oder C – die richtige Entscheidung treffen

Ein klares Ziel vor Augen steigert die Arbeitsfreude und den Tatendrang – jetzt darf aber nichts dazwischen kommen. Leider ist das selten der Fall, jeden Moment tauchen neue Problematiken auf. Ständig ist neu zu entscheiden womit es weitergeht, was also **Priorität** hat.

Aber was ist wichtig und was nicht? Um das zu erkennen, ist zum einen etwas Erfahrung nötig, zum anderen können verschiedene Methoden dazu beitragen, diese Frage zu beantworten.

Eine klassische Methode ist die **ABC-Analyse**, die eine Grundlage für viele richtungsweisende Entscheidungen bildet. Nicht nur Aufgaben, auch Kunden oder Produkte werden mit dem ABC-System in drei Kategorien eingeteilt.

Die Klassifizierung der Kunden könnte zum Beispiel so aussehen:

A-Kunden sind die umsatzstärksten Kunden (z. B. 20 Prozent der Kunden erzeugen 80 Prozent des Umsatzes).

B-Kunden sind mittelstarke Kunden (z. B. 35 Prozent der Kunden erbringen 15 Prozent des Umsatzes).

C-Kunden sind die Kunden, mit denen das Unternehmen am wenigsten erwirtschaftet (z. B. 45 Prozent der Kunden erbringen 5 Prozent des Umsatzes).

Auch im Hinblick auf die Aufgaben lässt sich nach der Einteilung in die A-, B,- oder C-Gruppe auf den ersten Blick erkennen, was augenblicklich zu erledigen ist.

ABC-Methode
Wichtiges zuerst!

2. Sekretariatsführung
2.1 Methoden des Selbstmanagements

A	**B**	**C**
sehr wichtig	wichtig	weniger wichtig
sehr dringend	nicht so dringend	nicht dringend
umsatzstark	durchschnittlich umsatzstark	umsatzschwach
A-Aufgaben werden zu leistungsstarken Zeiten eingeplant, in denen Mitarbeiter weniger fehleranfällig sind.	B-Aufgaben werden am besten delegiert. Veränderungen im Blick behalten: Ist aus der B-Aufgabe mittlerweile eine A-Aufgabe geworden?	C-Aufgaben erfordern eine Entscheidung: schnell erledigen oder „Mut zum Müll" haben und sie direkt in den Papierkorb befördern.
A-Kunden … … ist der größte Teil des Umsatzes zu verdanken (z. B. nach der Pareto-Regel: ca. 20 % der Kunden erbringen ca. 80 % des Umsatzes)	B-Kunden „Kleinvieh macht auch Mist": B-Kunden sorgen für weniger Einzel-Umsatz, sind zahlenmäßig jedoch mehr (ca. 35 % der Kunden erbringen ca. 15 % des Umsatzes).	C-Kunden … … erbringen den kleinsten Teil des Umsatzes, sind jedoch zahlenmäßig die größte Gruppe (ca. 45 % der Kunden erbringen ca. 5 % des Umsatzes).

2. Sekretariatsführung
2.1 Methoden des Selbstmanagements

Pareto-Prinzip
80/20-Regel • Pareto-Diagramm • Optimierung

Nicht pari, sondern Pareto

Das Pareto-Prinzip wird auch 80/20-Regel genannt. Es basiert auf der Annahme, dass eine große Zahl an Ergebnissen auf einem geringen Anteil am Gesamtaufwand beruht, circa im Verhältnis 80 zu 20.

In Bezug auf das Selbstmanagement bedeutet dies, dass bei Erfüllung von 20 Prozent der Aufgaben bereits 80 Prozent der Ergebnisse zu erzielen sind. Das Pareto-Prinzip findet ebenso Verwendung, um die umsatzstärksten Produktgruppen herauszufiltern oder welchen Anteil welche Mitarbeiter an der Erledigung des gesamten Arbeitspensums haben.

Angenommen, der Blick wird von oben durch eine überdimensionale, fiktive (= erdachte) „Pareto-Lupe" auf ein Großraumbüro geworfen, dann sieht es dort so aus: 20 Prozent der Mitarbeiter erledigen 80 Prozent der Arbeit. Anders gesagt: Wenn in einem Unternehmen 100 Kaufleute für Büromanagement arbeiten, schaffen 20 von ihnen 80 Prozent der gesamten Arbeit.

INFO
Das Pareto-Prinzip kann in einem Diagramm dargestellt werden. Dazu sind die relevanten Daten zu sammeln, eine Messgröße ist zu bestimmen, der prozentuale Anteil ist zu ermitteln und die Werte sind in ein Koordinatensystem einzutragen.

Pareto-Prinzip

Optimierung • Fleiß • Zielsetzung • Überzeugung • Kompetenz

Von den Besten lernen

Trotz der Annahme, dass 20 Prozent der Mitarbeiter 80 Prozent der Aufgaben erledigen, werden natürlich nicht 80 Prozent der Büro-Belegschaft rausgeschmissen. Stattdessen nutzt man das Pareto-Prinzip zur Optimierung, indem folgende Fragen gestellt werden: Was macht diese 20 Mitarbeiter aus, die so effizient sind? **Was ist von ihnen zu lernen?**

Die Zugpferde werden also genau unter die Lupe genommen. Es kommt heraus:

- Sie sind **fleißig**!
- Sie haben sich ein **Ziel** gesetzt!
- Sie haben einen festen **Glauben**: „Ich werde es schaffen"!
- Sie haben **Wissen**!

Das Pareto-Prinzip bringt also ans Tageslicht, wo es sich lohnt, Maßnahmen zur Optimierung zu ergreifen. Im Großraumbüro aus dem genannten Beispiel müssen 80 Mitarbeiter fleißiger, zielstrebiger und selbstbewusster werden und benötigen dafür unter Umständen fachliche Schulung.

Tipp von Anna

Wahrscheinlich werden uns die ABC-Methode und das Pareto-Prinzip oder auch das nun folgende Eisenhower-Prinzip in den Fachaufgaben noch einmal in einem komplexen Zusammenhang begegnen.

Merken wir sie uns!

2. Sekretariatsführung
2.1 Methoden des Selbstmanagements

Prioritäten
Wichtiges • Dringendes

Prioritäten richtig setzen

Warum geht es immer wieder um die Frage: **Wichtiges** zuerst?

Wer mit dem Wichtigen startet, hat später Zeit für den Rest. Unwichtiges kann im Notfall auf den nächsten Tag verschoben werden, Wichtiges nicht. Umgekehrt heißt das: Wer mit dem Unwichtigen anfängt, muss die wirklich relevanten Dinge danach auf jeden Fall auch noch bearbeiten – egal wie lange es dauert. Das Resultat dieser falschen Priorisierung besteht aus Überstunden – wie ärgerlich! Kim kennt dieses Problem allzu gut, sie weiß nie genau, was **wichtig** ist und was **dringend**.

Den Unterschied klärt sie am besten mit folgenden Fragen:

- Bringt es mich meinem Ziel näher? → Wichtig!
- Stehe ich unter Zeitdruck, muss ich sofort reagieren? → Dringend!

INFO
Bei folgenden Anzeichen sollte schnellstmöglich über eine geeignete Methode des Selbstmanagements nachgedacht werden: Vergesslichkeit, sich häufende Flüchtigkeitsfehler, fehlende Konzentration, wenn immer wieder Hektik entsteht und am Ende trotzdem an die Hälfte der Dinge nicht gedacht wurde.

Eisenhower-Methode

Dwight D. Eisenhower • Kategorien • Eisenhower-Matrix

2. Sekretariatsführung
2.1 Methoden des Selbstmanagements

Rüstzeug Eisenhower-Methode

Die **Eisenhower-Methode** hilft dabei, Dringendes und Wichtiges zu erkennen und in der richtigen Reihenfolge zu erledigen. Der Name dieser Methode beruht wohl auf der Arbeitsweise des früheren amerikanischen Präsidenten Dwight D. Eisenhower (34. Präsident der USA von 1953 – 1961), der als Oberbefehlshaber der Armee nach der Kategorisierung in Wichtiges und Dringendes vorging.

Im Büroalltag zählt sein Verfahren zu einer der wichtigen Methoden des Zeitmanagements. Es erfordert Mut zum Wegwerfen, denn nicht wichtige und nicht dringende Dinge landen ein für alle Mal im Papierkorb. Eine Methode ganz nach Jans Geschmack!

Nach der Eisenhower-Methode lassen sich To-dos in vier Kategorien einordnen:

A	wichtig UND dringend	sofort selber erledigen
B	wichtig, aber nicht dringend	selber machen, aber nicht sofort
C	dringend, aber nicht wichtig	sofort, aber nicht selber bearbeiten, delegieren (= weitergeben)
D	nicht wichtig und nicht dringend	selber, aber später darum kümmern oder in den Papierkorb

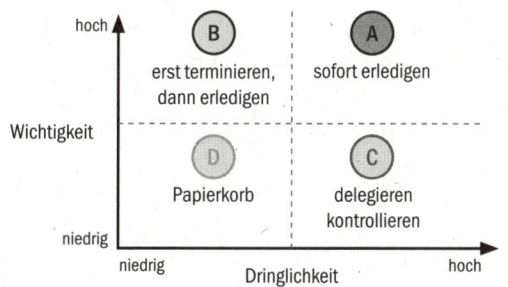

Tipp von Jan

Alles was ich nicht wirklich brauche, beseitige ich unverzüglich. Nichts belastet mich mehr, als sämtliche Sachen aufzubewahren, die sich dann türmen und bei denen ich am Ende gar nicht mehr weiß, wie ich das abarbeiten soll.

Getting Things Done / GTD

Arbeiten ohne Priorisierung • Knoten im Kopf lösen • GTD-Liste

Knoten lösen

Für die einen ist der Ansatz Eisenhowers genau das Richtige, für die anderen nicht. Wenn der Kopf mit zu vielen Informationen und Aufgaben voll ist und nichts mehr hinein passt, muss Platz geschaffen werden – schnell und unkompliziert!

An diesem Punkt steht Erkan gerade mit dem Prüfungsstoff, er kann gar nicht mehr klar denken. Vielleicht ist die **Getting Things Done-Methode** das passende Mittel für ihn. Sie funktioniert so: Er soll alles, woran er denken muss, zunächst auf eine Liste setzen und so aus seinem Gehirn verbannen. Erst dann können die Gedanken wieder frei fließen, und die Konzentration kann auf neue Informationen und Aufgaben fokussiert werden.

Mit der GTD-Methode lässt sich der **Knoten im Kopf** ohne komplizierte Entscheidungs-Hürden lösen. Egal was, alles wird auf der **GTD-Liste** notiert, unabhängig von der Priorität der Sache. Die Kernaussagen dieser Idee lauten:

- Erfasse alle To-dos lückenlos und wähle positive Formulierungen, nicht „*Ich muss meinen Arbeitsplatz aufräumen*", sondern: „*Ich räume auf, dann habe ich es ordentlich und kann wieder entspannt arbeiten.*"
- Lege den nächsten Schritt konkret fest. „*Ich räume auf. Danach kann ich eine Pause machen und draußen in der Sonne eine Cola trinken.*"
- Halte alles schriftlich fest – handschriftlich oder digital.
- Knüpfe To-dos an Ziele, damit sie nicht ziellos durch den Kopf jagen.
- Kategorisiere: Sofort erledigen? Oder später?
- Verwende Hilfsmittel: Terminkalender, To-do-Listen, Checklisten und Wiedervorlage-Systeme.
- Halte Dich an die Zwei-Minuten-Regel: Was sich innerhalb von zwei Minuten erledigen lässt, schiebst Du nicht auf.
- Führe einen „weekly review" ein, in dem Du wöchentlich alles noch einmal überdenkst.

ÜBUNG

2. Sekretariatsführung
2.1 Methoden des Selbstmanagements

ÜBUNG 3 To-do-Liste

Anna liebt To-do-Listen! Ihr Chef, Walter Weber, hat Anna am Abend zuvor mit Aufgaben vollgepackt. Sie hat sich jede Aufgabe auf ein Post-it geschrieben und die gelb leuchtenden Zettel der Reihe nach an ihr Whiteboard geklebt: Wichtiges UND Dringendes zuerst, Unwichtiges zuletzt. Aber über Nacht sind die kleinen Blätter abgefallen, und Anna steht nun vor den heruntergewehten Haftzetteln, die völlig durcheinander auf dem Boden liegen. Hilf ihr, die Post-its auf der Grundlage des Eisenhower-Prinzips wieder in eine sinnvolle Reihenfolge zu bringen! Kennzeichne dafür die Zettel mit den Buchstaben A bis D (vgl. S. 27).

mit dem Ausbildungsleiter die betriebliche Gestaltung der Wahlqualifikationen besprechen	Werbe-E-Mails aus dem Posteingangsfach löschen	die dringend benötigte Präsentation auf einen USB-Stick speichern und bis 10:00 bei Frau Nett abliefern	Angebot über Softwarelösungen ändern, da der Kunde eine Position gestrichen hat

Selbstbeobachtung, Selbstkontrolle

Veränderungen • Disziplin

Aus der Routine ausbrechen

Wenn Methoden einmal laufen oder Strukturen feststehen, ist es bequem, dabei zu bleiben. Nur schwer lassen sich veränderungsträge Routine-Abläufe überwinden. Aber ohne **Veränderungen** ist keine Verbesserung möglich. Darum muss sich jeder Mensch hin und wieder fragen, ob alles rund läuft. Den meisten fällt es jedoch schwer, Defizite zu erkennen oder gewohnte Handlungen abzustreifen und durch neue zu ersetzen.

Mit den Methoden **Selbstbeobachtung** und **Selbstkontrolle** kannst Du die eigenen Verhaltensweisen ernsthaft ins Visier nehmen und Dich verändern. Die Methoden erfordern jedoch die Bereitschaft, nach innen zu blicken und Mängel innerhalb des eigenen Verhaltensablaufs zu erkennen. Nur so kannst Du diese problematischen Arbeitsweisen die Du verinnerlicht hast durch kreatives, effizientes Verhalten ersetzen.

- **Selbstbeobachtung**: aufmerksame Wahrnehmung des eigenen Verhaltens; Hilfsmittel für die Analyse: Notizblock oder Tagebuch. Ziel → Selbsterkenntnis
- **Selbstkontrolle**: Verhalten, Gefühle und Impulse kontrollieren; beinhaltet Fähigkeiten wie Selbstdisziplin, Gewissenhaftigkeit und Ausdauer. Ziel: → den Ablenkungen und Versuchungen widerstehen, nicht auf Abwege geraten

Sich im Griff haben

Disziplin! Studien haben ergeben, dass Menschen, die über die Fähigkeit der Selbstkontrolle verfügen, vernünftiger sind, mehr Ordnung halten, eine größere Willensstärke besitzen, besser lernen können und im Leben erfolgreicher sind. Wer sich gut im Griff hat und einer Verlockung widerstehen kann, um ohne Umwege an sein Ziel zu gelangen, ist demnach glücklicher und zufriedener.

Optimierung

Optimierung • Verbesserungsprozess • Fehlerkultur

2. Sekretariatsführung
2.1 Methoden des Selbstmanagements

Über Stock und Stein

Ebenso wie die regelmäßige Überprüfung festgefahrener Verhaltensweisen durch Selbstbeobachtung ist das Aufdecken routinemäßiger Arbeitsabläufe eine bedeutende Aufgabe im Rahmen des Selbstmanagements. Nur wer immer wieder genau hinschaut, deckt Stolpersteine auf. Ist klar, was falsch läuft, setzt ein **Verbesserungsprozess** ein.

1. Der Prozess beginnt mit der Ist-Aufnahme.
2. Schritt 2 besteht aus der Analyse,
3. Schritt 3 aus der Erstellung eines Soll-Vorschlags,
4. Schritt 4 aus der Umsetzung und Einführung,
5. Schritt 5 aus der Kontrolle.

So werden Zeitdiebe entlarvt und Störungen erkannt. Nicht zu unterschätzen ist auch das Entwickeln einer **Fehlerkultur**, die mit Verbesserungen statt Vorwürfen arbeitet. Darüber hinaus können Strategien zur Bewältigung der Belastungen am Arbeitsplatz erlernt und notfalls vorbeugende (=präventive) Maßnahmen ergriffen werden, um neue Energie aufzutanken.

INFO

Etwas Praktisches: Eine Checkliste der Büroeinrichtung. Von Zeit zu Zeit sollte der Raum genau geprüft werden. Funktioniert alles und ist alles in optimaler Weise vorhanden? Die Liste ist individuell anzupassen.

- ergonomischer Stuhl, passender Schreibtisch • PC • Monitor • Tastatur • Maus • Drucker • Fax
- Scanner • Kopierer • Telefon • digitale Geräte • USB-Kabel • Wiedervorlage-System • Locher
- Hefter • ein Vorrat an Bürobedarf (Heftklammern, Druckerpapier, Druckerpatronen, Registermappen etc.)
- Beamer • Flipchart • Aktenvernichter • angenehmes Licht • Aktenschränke • nicht verwelkte Pflanzen
- Sicherheitsvorkehrungen • Ordnungssystem • Postablage

Zusammenfassung
Stressvermeidung

Bloß kein Stress

Die verschiedenen bereits genannten Teilbereiche des Selbstmanagements haben direkten Einfluss auf die Verbesserung der Büroorganisation und der Arbeitsabläufe. Sie tragen in großem Maß zur **Stressvermeidung** bei.

1. Methoden → optimieren Arbeitsabläufe
2. Prioritäten setzen → optimiert die Planung der Aufgaben und Projekte
3. Verantwortung und selbstbewusstes Handeln → optimieren die Gestaltung aller Aktivitäten
4. psychische Stabilität und Selbstkontrolle → optimieren die Leistungsfähigkeit
5. Verbesserungsprozesse → positive Fehlerkultur

Jeder **Mit**arbeiter sollte über ein gutes Selbstmanagement verfügen, denn er ist **mit**verantwortlich für die Termintreue des Unternehmens und dem daraus resultierenden betriebswirtschaftlichen Erfolg. Werden Termine nicht eingehalten oder vergessen, droht enorme Aufregung von allen Seiten; im Ernstfall geht es um Konventionalstrafen, Prozesskosten, Schadensersatzkosten, Kosten für längere Lagerung oder erneute Lieferung. Dann müssen zahlreiche Konflikte mit kommunikativer Kompetenz gelöst werden. Wie das geht, darum geht es im nächsten Kapitel.

> **INFO**
> Um den Belastungen am Arbeitsplatz gewachsen zu sein, gilt Sport als eine der besten Strategien, da hierbei negativer Stress in positive Energie umgewandelt wird. Sportarten, in denen körperliche Selbstbeherrschung geübt wird – Taekwondo, Yoga oder Ballett beispielsweise – können sogar dazu beitragen, insgesamt mehr Selbstkontrolle zu erlangen.

2. Sekretariatsführung
2.1 Methoden des Selbstmanagements

ÜBUNG

ÜBUNG 4 Selbstmanagement

Erstelle eine Eisenhower-Matrix (s. Folgeseite) und ordne die folgenden Aufgaben den vier Feldern zu.

a elektronischen Terminkalender pflegen
b Rettung, da ein Feuer ausbricht
c Telefonat bzgl. eines Montagetermins, der an eine Konventionalstrafe geknüpft ist, führen
d Werbe-E-Mails des Onlinelieferanten für Büromaterial bearbeiten
e Work-Life-Balance etablieren
f Bankgespräch zur Erhaltung der Liquidität führen
g E-Mails zu Reklamationen beantworten
h im Internet nach einem geeigneten Hotel für eine Tagung suchen, die in einem halben Jahr stattfinden soll
i Beschwerdebrief an einen Lieferanten bzgl. Lieferverzug schreiben
j im Internet nach einem Hotel für einen Badeurlaub suchen
k sich mit dem externen Mitarbeiter der Wartungsfirma für Büromaschinen über die neuesten Smartphones austauschen
l eine kurzfristige Einladung zu einer Spendengala annehmen
m Checkliste für eine spätere Geschäftsreise erstellen
n Krisengespräch zu einem Projekt abhalten
o Weiterbildungsseminar besuchen

2. Sekretariatsführung
2.1 Methoden des Selbstmanagements

ÜBUNG

	B WICHTIG, WENIGER DRINGEND	A WICHTIG UND DRINGEND
wichtig ↑	D NICHT WICHTIG, NICHT DRINGEND	C DRINGEND, WENIGER WICHTIG

dringend →

2. Sekretariatsführung
2.2 Kommunikationstechniken und -prozesse

Einleitung Kommunikation
Übersicht

Nicht gleich ausflippen

Ist der Stress – aufgrund eines Missverständnisses, eines Konflikts oder störenden Verhaltens – einmal da, muss das Problem gelöst werden. Vorwürfe, Sturheit oder Besserwissertum helfen nicht weiter. Im Gegenteil: Solche Kommunikationskiller lösen beim Gegenüber umso mehr Wut aus. In der zwischenmenschlichen Kommunikation kann eine Menge schief gehen. Jan, Lara, Anna, Erkan und Kim kennen das leider nur zu gut aus der Schule.

Kommunikation – das klingt zunächst sehr theoretisch (= praxisfern). Das Prinzip ist aber ganz einfach: Kommunikation ist eine Kombination aus Sprechen und Zuhören, Mitteilen und Verstehen, ein Austausch an Informationen, an Wissen, an Erkenntnissen und an Gefühlen. Es existiert immer ein Dialog (= Zwiegespräch bzw. Austausch) sowohl auf verbaler als auch auf nonverbaler Ebene, schriftlich oder mündlich, persönlich (im direkten Austausch von Person zu Person) oder medial (über ein Medium).

Als klassisches Kommunikationsmodell gilt das Sender Empfänger Modell von Claude E. Shannon und Warren Weaver. Ein Sender übermittelt demnach eine Botschaft an einen Empfänger. Die Botschaft ist codiert: Ein Gedanke wird in Sprechen und Körpersprache umgewandelt. Dieses Signal kommt beim Empfänger an. Dieser muss es nun decodieren (= verstehen) und reagieren. Kommt ein Signal anders an, als der Botschafter es gemeint hat, ist der Kommunikationsprozess gestört.

Ziel jeder Kommunikation sollte immer ein friedliches Miteinander ohne Streit und falsche Schlüsse sein, in Schule und in Arbeitswelt gleichermaßen. Um das zu erreichen, geht es in diesem Kapitel um die großen Helfer der Kommunikation:

- Wertschätzung, Respekt, Vertrauen
- Gesprächsvorbereitung
- 4-Ohren-Modell
- fünf Axiome
- Eisbergmodell
- aktives Zuhören
- gewaltfreie Kommunikation
- situationsgerechte Reaktion
- Kommunikationsstile und -systeme
- Kommunikationskiller
- Feedback
- Ich-Botschaften – Du-Botschaften
- Sandwich-Methode
- Kommunikation in einer Fremdsprache

INFO
Innerbetriebliche Kommunikation: Informationsfluss innerhalb eines Unternehmens, z. B. zwischen den Abteilungen per Hausmitteilung

Außerbetriebliche Kommunikation: Informationsabläufe, die ein Unternehmen verlassen, z. B. Kommunikation mit Kunden, Lieferanten, Presse; auch Informationen per Serienbrief

2. Sekretariatsführung
2.2 Kommunikationstechniken und -prozesse

Physische Stabilität
Ergonomie

Zufriedenheit am Büroarbeitsplatz

Der Nacken spannt, die Schultern brennen, der Kopf pocht – an einem nicht ergonomischen Arbeitsplatz beschwert der Körper sich mit Schmerzen. Jan, Anna, Erkan, Kim und Lara kennen solche Beschwerden nicht, da ihre Ausbildungsbetriebe sich an die Arbeitsstättenverordnung halten und bei der Arbeitsplatzgestaltung darauf achten, Bewegungsschäden und Ermüdung zu vermeiden. Die wichtigsten Grundsätze der **Ergonomie** lauten:

- Arbeitsgeräte sind am Arbeitsplatz greifbar
- sitzende Tätigkeiten regelmäßig unterbrechen; Bildschirmpausen einlegen
- wechselnde Arbeitshaltungen einnehmen
- Schreibtischstuhl für eine bequeme Haltung auswählen
- Beachtung der physikalischen Ergonomie, wie Arbeitshöhe am Schreibtisch, rechter Winkel zwischen Rumpf und Oberschenkel, in der Armhaltung sowie in den Knien, Handgelenke liegen flach auf, Füße stehen im festen Stand, u.U. auf einer Fußbank, Stütze für die Lendenwirbelsäule
- Abstand zum Monitor mindestens 50 cm, optimal 60-80 cm
- Umgebung anpassen: Lichtschutzvorrichtungen, Temperaturregelung, Lärmschutz
- Bildschirme seitlich zu einem Fenster positionieren; Störungen durch Blendung vermeiden

Die Ergonomie am Arbeitsplatz dient dazu, die Humanität zu wahren. Das heißt, es muss eine dem Menschen angepasste, risikoarme Arbeitsweise möglich sein, die weder zu Überforderung noch zu gesundheitlichen Schäden führen darf. Damit ist die Wirtschaftlichkeit sichergestellt, da Mitarbeiter/Mitarbeiterinnen langfristig einsatzfähig sind und gute Arbeitsergebnisse liefern.

Kommunikative Kompetenz

Wertschätzung • Respekt • Vertrauen • Vertikale und horizontale Kommunikation

Sonniges Klima

Überall lauern Schlechtwettermacher. Sätze wie: *Das habe ich Ihnen doch schon 100 Mal gesagt. – Ich mache das selber, Sie können das sowieso nicht. – Sie denken nicht logisch.* – sind Stressverursacher! Sie haben nichts mit **Wertschätzung**, **Respekt** und **Vertrauen** zu tun, den Schlüsselwörtern im Umgang mit anderen Menschen. In einem Team, in dem die Einzelnen wertschätzend miteinander umgehen, fühlen sich die Menschen wohl, es herrscht ein gutes Betriebsklima. Bei der Arbeit kommt es also auf viel mehr als die reine Fachkompetenz an. Mitarbeiter, die wissen, dass auch Konflikte auf respektvolle Art gelöst werden und sie bei einem Missgeschick oder Fehler nicht gleich vor Scham im Boden versinken müssen, fühlen sich verstanden. Im Berufsleben ist kommunikative Kompetenz in alle Richtungen gefragt.

Die Hierarchie der Kommunikation

In einem Unternehmen verläuft Kommunikation in zwei Richtungen, vertikal und horizontal. Auf der vertikalen Route verlaufen die Unternehmensphilosophie und die Ziele des Unternehmens, folglich alles, was die Firmenleitung ihren Mitarbeitern vermitteln möchte. Hier passiert Kommunikation **hierarchieübergreifend**. Horizontale Kommunikation betrifft Anforderungen, Aufträge, Prozesskoordination und Feedback, also Punkte, die mit Kunden, mit Lieferanten oder innerhalb einer Arbeitsgruppe besprochen werden. Sie wird auf **derselben Hierarchieebene** geführt.

2. Sekretariatsführung
2.2 Kommunikationstechniken und -prozesse

Gesprächsvorbereitung
Regeln • ÜBUNG

Die Regeln vor der Gesprächsführung

Allerhand Gespräche entstehen spontan, andere sind gut vorbereitet. Für diese gelten einige Regeln:

- Schreibtisch aufräumen und nur wirklich benötigte Dinge bereit haben, z. B. Stift und Notizblock
- der PC ist eingeschaltet, um u. U. schnell Zugriff auf benötigte Dateien zu haben
- Gedanken zu einem geplanten Gespräch vorher sortieren und notieren, ein Ziel formulieren
- sich mental darauf einstellen, freundlich und verständnisvoll zu sein und den anderen ausreden zu lassen

ÜBUNG 5   Eine Gesprächsnotiz schreiben

Eine Situation aus der Werbeagentur Knallbunt GbR, dem Ausbildungsbetrieb von Lara. Schreibe eine Gesprächsnotiz zu folgendem Telefonat, das Lara mit einem Kunden, Herrn Boltenberg von der Bussberg Büromöbel GmbH, geführt hat. Das Telefonat geht am 08.05.2025 um 09:30 Uhr ein.

Lara: Agentur Knallbunt, Lara Petrova, guten Morgen.

Kunde: Bussberg Büromöbel, Boltenberg, hallo.

Lara: Was kann ich für Sie tun?

Kunde: Ich möchte mit Frau Eulen sprechen. Können Sie mich verbinden?

Lara: Frau Eulen ist gerade in einer Besprechung. Aber ich richte ihr aus, dass Sie angerufen haben. Moment, ich muss noch einen Notizzettel suchen. – Sagen Sie mir doch bitte kurz, worum es geht.

Kunde: Ich muss mit Frau Eulen die Werbemaßnahmen für die kommende Möbelmesse besprechen.

Lara: Okay. Möchten Sie zurückgerufen werden oder melden Sie sich noch einmal?

Kunde: Frau Eulen kann mich gerne anrufen, wenn möglich noch heute.

Lara: Geben Sie mir bitte noch Ihre Telefonnummer, unter der Sie zu erreichen sind.

Kunde: 0221 – 8000111, Herr Boltenberg: Berta – Otto – Ludwig – Theodor – Emil – Nordpol – Berta – Emil – Richard – Gustav.

Lara: Vielen Dank, Herr Boltenberg. Auf Wiederhören.

Kunde: Ja, einen schönen Tag noch.

4-Ohren-Modell
Selbstoffenbarung • Sachverhalt • Beziehung • Appell

In der Kommunikationswissenschaft sind einige Modelle zur Erklärung des zwischenmenschlichen Miteinanders entstanden.

Eines davon ist das **4-Ohren-Modell** nach **Friedemann Schulz von Thun**, Psychologieprofessor und Kommunikationsforscher.

Es beschreibt vier unterschiedliche Ebenen, auf denen sich Kommunikation abspielt, je nachdem, mit welchem „Ohr" gerade zugehört wird.

1. Ein Ohr für die Selbstoffenbarung – Es hört, was der Redende über sich preisgibt, z. B. dass er sich ärgert.
2. Ein Ohr für den Sachverhalt – Es hört und versteht den Inhalt. Hier geht es um die objektive Information.
3. Ein Ohr für die Beziehung – Es hört, wie das Verhältnis ist, z. B. wertschätzend und respektvoll oder eher herablassend und kritisch.
4. Ein Ohr für den Appell – Es hört, was zu tun ist, also das, was der Redende erreichen möchte.

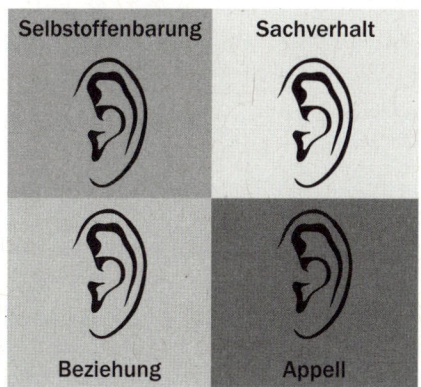

Fünf Axiome

Inhaltsaspekt • Beziehungsaspekt • Analog und digital • Symmetrisch und komplementär

Paul Watzlawick

Ein weiteres Modell aus der Wissenschaft sind die **fünf Axiome** von **Paul Watzlawick**, Kommunikationswissenschaftler und Professor für Psychotherapie. Der Forscher hat fünf Grundsätze für Kommunikation festgelegt. Axiom ist das Fachwort für Grundsätze, die nicht bewiesen werden müssen (= als wahr angenommener Grundsatz).

1. Man kann nicht *nicht* kommunizieren.
2. Jede Kommunikation hat einen Inhalts- und einen Beziehungsaspekt, wobei der letztere den ersten bestimmt.
3. Kommunikation ist immer gleichermaßen Ursache und Wirkung.
4. Menschliche Kommunikation bedient sich analoger und digitaler Modalitäten.
5. Kommunikation ist symmetrisch und komplementär (= sich ergänzend).

Tipp von Jan

Es könnte sein, dass im Zusammenhang mit den Fachaufgaben auch ein Kommunikationsmodell erläutert werden muss. Schauen wir uns also genau an, wie die Wissenschaftler Kommunikation definieren!

Eisbergmodell
Inhaltsebene • Beziehungsebene

2. Sekretariatsführung
2.2 Kommunikationstechniken und -prozesse

Gut zuhören ist nicht alles

Das Eisberg-Modell basiert auf der Vorstellung, dass ein verhältnismäßig geringer Anteil der Kommunikation auf dem basiert, was gesagt wird (Inhaltsebene, Sachebene). Der weitaus größere Teil findet „verborgen" statt, zum Beispiel durch Gefühle, die Stimmung, Gestik und Mimik – auf der Beziehungsebene.

Der Vergleich mit einem Eisberg rührt daher, dass Eisberge im Wasser schwimmen. Nur ein kleiner Teil ist davon sichtbar (Inhaltsebene). Der weitaus größere Teil des Eisbergs befindet sich jedoch unterhalb der Wasseroberfläche (Beziehungsebene).

Die Wahl des Eisbergs als Motiv verdeutlicht, dass der größte Anteil der Kommunikation weitgehend auf unbewusster Wahrnehmung beruht. Eine gute Beziehungsebene wirkt sich positiv auf die Sachebene aus, eine schlechte sorgt für miese Stimmung.

Inhaltsebene
- Informationen
- Fakten

Bewusst
Unterbewusst

Beziehungsebene
- Gefühle
- Wertvorstellungen
- Stimmung
- Ziele
- ...

INFO
Auf dem Weg zum Kommunikations-Profi steht jeder einmal vor einem Eisberg. Ein Tipp für alle, die das Thema vertiefen möchten: Die Landesverbände der Industrie- und Handelskammern (IHK) bieten regelmäßig Grundlagenseminare zum Thema „Professionelle Kommunikation" an.

Johari-Fenster

Innenperspektive • Außenperspektive • der „blinde Fleck"

Ich und die anderen

Erkan hält sich für verlässlich, geduldig, schlau und warmherzig. Seine eigene Persönlichkeitsbeschreibung muss sich nicht unbedingt mit dem Bild decken, das seine Freunde von ihm kennen. Es existieren Unterschiede zwischen der Selbstwahrnehmung und der Fremdwahrnehmung. Je mehr Selbstbild und Fremdbild jedoch übereinstimmen, umso einfacher ist die Kommunikation miteinander.

Die Innenperspektive drückt aus, was eine Person über sich selbst weiß, die Außenperspektive, was andere über sie wissen. Aus diesen zwei Blickwinkeln ergeben sich die Kombinationen für die vier **Johari**-Fenster, die die amerikanischen Sozialpsychologen *Joseph Luft* und *Harry Ingham* entwickelten.

Fenster A: öffentliches, sichtbares Handeln und offensichtliche Persönlichkeits- und Erscheinungsmerkmale

Fenster B: der „blinde Fleck" = Persönlichkeitsanteile, die nur andere wahrnehmen, z. B. unbewusste Gewohnheiten, die eine Person selbst jedoch nicht kennt

Fenster C: Geheimes und bewusst Verborgenes, privater Bereich der Gefühle, Wünsche oder Ängste

Fenster D: vollkommen unbekannte Anteile an der Persönlichkeit sowohl in der Selbst- als auch der Fremdwahrnehmung, hier schlummern verborgene Talente

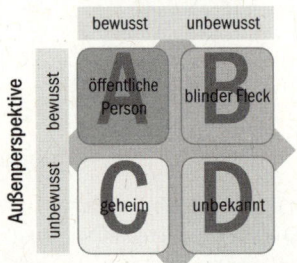

Feedback verkleinert den „blinden Fleck".

→ konstruktiv und freundlich sein, keine Vorwürfe machen, einzelne Punkte sachlich ansprechen
(vgl. S. 56/57)

Aktives Zuhören

Botschaften entschlüsseln • Gewaltfreie Kommunikation

2. Sekretariatsführung
2.2 Kommunikationstechniken und -prozesse

Anders als sonst

Die Menschen stehen mit ihrer Kommunikation also vor einem Berg – dem Eisberg. Wie hat gegenseitiges Verständnis da überhaupt eine Chance? Die Lösungen lauten: **Aktives Zuhören** und **gewaltfreie Kommunikation**. Was bedeutet das und wie funktioniert's?

Aktives Zuhören ermuntert einen Erzähler, weiter zu sprechen und schafft damit eine echte Chance, zum anderen durchzudringen oder auch zum wahren Kern eines Problems vorzustoßen. Die Anwendung ist sinnvoll, wenn...

- ... Sie Konflikte lösen möchten,
- ... Sie ein nicht erwünschtes Verhalten abstellen möchten,
- ... Sie einer Sache auf den Grund gehen möchten, um ein Problem zu lösen.

Die Aufgabe liegt darin, die Botschaft des Erzählers zu entschlüsseln. Ein Gesprächspartner, der sich dieser Technik bedient, schenkt dem anderen seine volle Aufmerksamkeit. Er denkt mit, um ihn zu verstehen und versucht, sich in ihn hineinzuversetzen.

Ein solches Gespräch beruht auf gewaltfreier Kommunikation und wird von Frieden und Empathie, Wertschätzung und Respekt durchzogen. Es enthält keine Angriffe, keine Bestimmungen, keine Verbote, keine Urteile, kein Nachbohren und keine Drohungen. Es vermittelt auch: Ich traue Dir zu, selber eine Lösung finden.

Aktives Zuhören und gewaltfreie Kommunikation geben dem Erzähler eine freie Wahlmöglichkeit in seinem Denken und Handeln. Möchte der andere dagegen eigentlich nur seine eigenen Absichten durchsetzen, entzündet er in seinem Gegenüber unweigerlich Widerstand.

INFO
Carl R. Rogers, Psychologe und Psychotherapeut, Begründer des aktiven Zuhörens als Kommunikationsinstrument
Marshall Bertram Rosenberg, Psychologe, Entwickler des Konzeptes der gewaltfreien Kommunikation

---

Tipp von Erkan

Wenn Du einmal Streit mit jemandem hast, geh auf ihn zu und biete ein friedliches Gespräch an. Wende die Techniken des aktiven Zuhörens und der gewaltfreien Kommunikation an, vermeide Vorwürfe und ähnliche Angriffe. Du wirst sehen, bald herrscht wieder Frieden.

Aktives Zuhören

Die vier Stufen des aktiven Zuhörens • Gewaltfreie Kommunikation

Die richtige Reaktion zählt

Wer aktives Zuhören richtig einsetzt, wird mit einem guten Gespräch belohnt. Es kostet allerdings etwas Zeit, die vier Stufen des Modells zu durchschreiten.

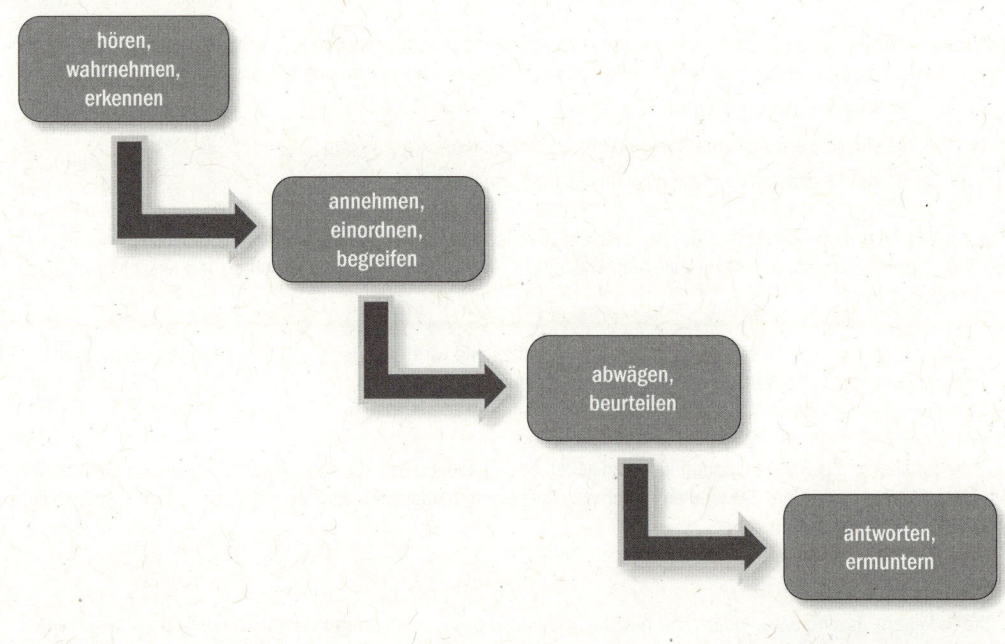

Tipp von Anna

Nicht aufgeben! Wer aktives Zuhören anwendet, wird anfangs Unbehagen spüren. Die eigene Sprache klingt ungewohnt und hölzern. Vielleicht fühlt man sich nicht authentisch. Aber es lohnt sich, dran zu bleiben und zu üben.

Aktives Zuhören

Gewaltfreie Kommunikation • Verbal, nonverbal

2. Sekretariatsführung
2.2 Kommunikationstechniken und -prozesse

Wie klingt das, aktives Zuhören?

Ein „Aktiver Zuhörer" ermutigt sein Gegenüber zu sprechen, indem er den Gesprächsverlauf nicht wertend beeinflusst und den anderen nicht unter Druck setzt, sowohl auf der verbalen als auch auf der nonverbalen Ebene.

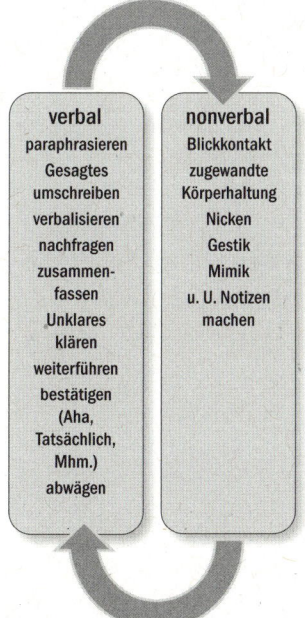

Verbale Möglichkeiten – Ausgangssatz: *Heute hat die ganze Klasse über mich gelacht.*

- **Paraphrasieren** = Aussagen wiederholen *Mhm. Die ganze Klasse hat über dich gelacht.*
- **Verbalisieren** = etwas (z. B. Emotionen) in Worte fassen *Du warst sehr wütend darüber, dass dein Lehrer dich gedemütigt hat.*
- **Nachfragen** *Nachdem der Lehrer dich etwas gefragt hatte, hat er dir also gar keine Zeit gegeben, überhaupt antworten zu können?*
- **Zusammenfassen** *Heute hat die ganze Klasse über dich gelacht, weil der Lehrer dich vorgeführt hat. Das hat dich sehr geärgert. Du wusstest die Antwort eigentlich, hattest aber keine Zeit etwas zu sagen.*
- **Unklares klären** *Habe ich richtig verstanden, dass er gesagt hat, Du seist ein dummes Huhn?*
- **Weiterführen** *Nachdem die ganze Klasse gelacht hat, wie ging es dann weiter?*
- **Abwägen** *Wäre es nach Deiner Ansicht besser, ein Gespräch mit dem Lehrer zu suchen oder nie wieder ein Wort über die Sache zu verlieren?*

Situationsgerechte Kommunikation
Kundentypen

Immer wieder neu

Sekretäre/Sekretärinnen und Assistenten/Assistentinnen sind für Kunden und Geschäftspartner oft die erste Kontaktperson. Aktives Zuhören und das richtige Gespür für einen Besucher oder Anrufer lenkt ein Gespräch meistens auf eine entspannte Bahn. Dennoch, mit jedem neuen Gesprächspartner ändert sich die Richtung, denn jeder Kunde ist anders. Dann müssen Sekretäre/Sekretärinnen professionell reagieren und sachlich gegensteuern ohne ins Schwitzen zu geraten.

Die **Kundentypen**

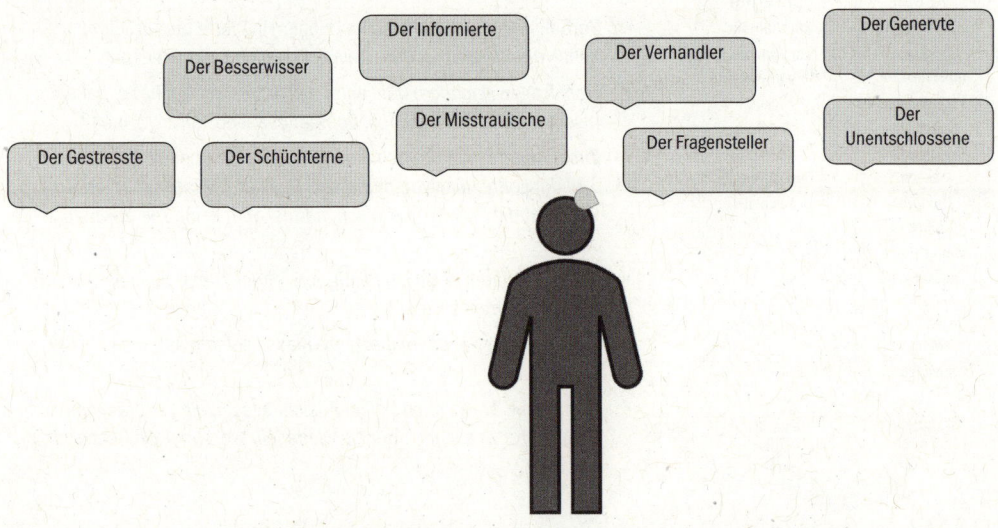

Situationsgerechte Kommunikation
Kundentypen

2. Sekretariatsführung
2.3 Kommunikation situationsgerecht gestalten

Die passende Reaktion

Die Gestressten:	Ruhe ausstrahlen, sachlich und knapp argumentieren
Die Verhandler:	selbstbewusst sein, Qualität des Produkts betonen, im möglichen Rahmen auf das Feilschen eingehen
Die Genervten:	geduldig bleiben, mit fachlichen Informationen beeindrucken, einen V.I.P. Status vermitteln
Die Unentschlossenen:	Vorteile darlegen, Entscheidungshilfe geben
Die Misstrauischen:	mit genauen Angaben und Details überzeugen, Zweifel ernst nehmen, aber mit guten Argumenten entkräften
Die Besserwisser:	durchhalten, zustimmen, nicht gegenargumentieren, sondern neue präzise Aspekte ergänzen
Die Fragensteller:	freundlich und ausdauernd antworten, jedoch abwägen, ob eine ernste Kaufabsicht besteht – sonst freundlich abbrechen
Die Informierten:	Informiertheit loben, zusätzlichen Input geben, mit der Hochwertigkeit des Produkts trumpfen
Die Schüchternen:	nicht überrumpeln und verpflichten, nicht überreden, Zeit für eine Entscheidung geben

2. Sekretariatsführung
2.3 Kommunikation situationsgerecht gestalten

Situationsgerechte Kommunikation
Unterschiedliche Situationen • Unterschiedliche Gemütszustände

Flexibel wie ein Flummi

Situationsgerechte Kommunikation erfordert Flexibilität, Anpassung und ein wenig Geschick, wie das Spiel mit einem Flummi, der jeden Moment in eine neue, unerwartete Richtung springt. Der Spieler muss schnell und schlau reagieren und sich der Situation immer wieder aufs Neue anpassen.

Jede Situation ist anders. Bereits am Tonfall einer Person ist zu erkennen, welcher Gemütszustand zu erwarten ist (= paraverbal). Es kann zu folgenden herausfordernden Situationen kommen: Der andere ist gestresst, besorgt, verärgert oder eine Quasselstrippe, die nie ein Ende findet. Zunächst einige Beispiele, wie in solchen Fällen **nicht** reagiert werden sollte:

Situation 1 Der Chef ist im Stress
Chef: „Ich habe es sehr eilig, in zehn Minuten ist mein Termin. Bitte bringen Sie mir die Wiedervorlagemappe".
Lara: „Das kann länger dauern, ich muss nachsehen, wo sie ist."

Situation 2 Den Teamleiter plagen Sorgen
Teamleiter: „Morgen. Ich habe die ganze Nacht nicht geschlafen, hoffentlich verlieren wir diesen wichtigen Kunden nicht."
Kim: „Tja, und wenn, da kann man nichts machen."

Situation 3 Ein Kunde ist verärgert
Kunde: „Mir reicht es, jetzt war Ihr Kundendienst schon zum zweiten Mal hier und die Waschmaschine funktioniert immer noch nicht und bei Ihnen ist nie jemand zu erreichen. Geht's noch?"
Jan: „Aber da kann ich doch nichts für. Haben Sie die Maschine denn richtig bedient?"

Situation 4 Die Kollegin redet und redet und redet…
Kollegin: „Ja und dann, ihr könnt Euch nicht vorstellen, was er dann getan hat – die Geschichte ist lange noch nicht zu Ende…"
Anna: „Wirklich? Wie spannend, erzähl weiter, wir haben ja Zeit. Was hat er getan?"

INFO
Verhaltensregeln im Team
- Toleranz gegenüber Kollegen
- Zugehörigkeitsgefühl/ Wir-Gefühl
- gemeinsame Ziele
- Hilfsbereitschaft
- Verantwortungsbewusstsein
- Kommunikation und kontinuierliches Feedback
- Kritikfähigkeit
- Vertrauen und Offenheit
- Organisation, klare Aufgabenverteilung und Disziplin
- respektvolle Konfliktlösungen

Situationsgerechte Kommunikation

Situation „Sorgen" • Situation „Stress" • Richtig reagieren

2. Sekretariatsführung
2.3 Kommunikation situationsgerecht gestalten

Angemessenes Verhalten: Situationen 1 und 2

Der Chef ist im **Stress**. → Lara sollte den Stress nicht durch Verzögerungen verstärken. Besser:

- schnelle Hilfe anbieten *„Das lässt sich schnell erledigen."*
- Sachverhalte auf den Punkt bringen
- Wörter wie sofort – prompt – zügig – flink – in aller Kürze – schnell – signalisieren umgehende Handlungs- oder Klärungsbereitschaft. Weitere Beispielsätze: *„Ich kann Ihnen das in aller Kürze erklären." – „Das ist schnell erledigt." – „Sie müssen zügig los, dennoch muss ich Ihnen schnell die wichtigsten Punkte zusammenfassen." – „Ich hole die Akte sofort."*

Der Teamleiter hat **Sorgen**: → Kim sollte nicht mit einer Platitüde Gleichgültigkeit vermitteln. Besser:

- ein offenes Ohr haben
- geduldig sein
- aufmuntern *„Oft kommt doch noch eine Wendepunkt und die Sache geht gut aus."*
- den Blickwinkel ändern und die Dinge aus einer anderen Perspektive beleuchten: *„Betrachten Sie es doch einmal von dieser Seite…"*

2. Sekretariatsführung
2.3 Kommunikation situationsgerecht gestalten

Situationsgerechte Kommunikation
Situation „Wut" • Situation „Endlosschleife" • Der richtige Ton

Angemessenes Verhalten: Situationen 3 und 4

Der Kunde empfindet **Wut**. → Jan sollte keinen unterschwelligen Vorwurf senden. Besser:

- Verständnis zeigen — *„Ich kann Sie gut verstehen"*.
- Klärungsbereitschaft signalisieren — *„Das können wir lösen."*
- es nicht persönlich nehmen — *„Ich weiß, die Situation ärgert Sie jetzt..."*
- das Gespräch im Notfall verbindlich vertagen — *„Ich werde mich mit dem Kundendienst in Verbindung setzen und Sie morgen zurückrufen. Passt es Ihnen gegen 10 Uhr?"*

Der Gesprächspartner redet in einer **Endlosschleife** → Anna sollte nicht in die Verlängerung gehen. Besser:

- freundlich auf begrenzte Zeit hinweisen — *„Danke für die Ausführung. Aber nun wird die Zeit knapp."*
- die Rückkehr zur Arbeit signalisieren — *„Ich muss das hier noch erledigen, vielleicht können wir das Gespräch zu einem anderen Zeitpunkt fortsetzen."*

Der richtige Ton – oder was beim Sprechen auf paraverbaler Ebene vermittelt und wahrgenommen wird:

- Tonfall
- Sprechtempo
- Lautstärke
- Tonhöhe
- Kadenzen
- Betonung
- Sprechpausen
- Deutlichkeit
- Sprachmelodie

INFO
Grundregel 1: Platitüden vermeiden. Sie vermitteln Oberflächlichkeit und kein echtes Interesse an der Situation der Person. Beispiele: *„Das wird schon wieder."* – *„Kein Stress."* – *„Da kann man nichts machen."* – *„Pech gehabt."*

Situationsgerechte Kommunikation

Kommunikationsstile • Unterschiedliche Charaktere • ÜBUNG

2. Sekretariatsführung
2.3 Kommunikation situationsgerecht gestalten

Alles nicht so einfach

Nicht nur jede Situation ist anders, auch jeder Mensch. Und dann ist obendrein noch jeder Mensch in jeder Situation anders, mal so, mal so. Der Psychologieprofessor und Kommunikationsforscher Friedemann Schulz von Thun hat die unterschiedlichen Persönlichkeitsarten definiert. Er ist der Ansicht, dass ein Mensch nicht einen einzigen Stil anwendet, sondern seine **persönliche Richtung** aus mehreren entwickelt, je nachdem, was er sein möchte:

- Der Bestimmende
- Der Helfer
- Der Bedürftige/Abhängige
- Der Selbstlose
- Der sich Profilierende
- Der Distanzierte
- Der Dramatische
- Der Abwertende

ÜBUNG 6   Kundenfreundliche Kommunikation

Ein Kunde ruft bei Heitz Elektro e. K. an und möchte einen Saugroboter kaufen, der vor zwei Wochen in einer Zeitungswerbung angeboten wurde. Der Auszubildende Jan hat heute extrem schlechte Laune und reagiert sehr kundenunfreundlich am Telefon. Biete ihm zu den drei folgenden Aussagen je eine positive Alternative an:

Der Saugroboter ist längst ausverkauft. Tut mir leid, wer zu spät kommt, den bestraft das Leben.	
Dafür bin ich nicht zuständig.	
Da müssen Sie zu uns ins Geschäft kommen, am Telefon kann ich Ihnen nicht helfen.	

2. Sekretariatsführung
2.3 Kommunikation situationsgerecht gestalten

Kommunikationssysteme
Verbales, nonverbales, paraverbales System

Sie können ja Gedanken lesen!

Der Chef betritt das Büro, sagt „Guten Morgen" – und die Assistentin weiß direkt, wie er drauf ist. Das hat nichts mit hellseherischen Fähigkeiten zu tun, sondern mit dem **paraverbalen System** der Kommunikation.

Assistenten/Assistentinnen und Sekretäre/Sekretärinnen sind nicht nur Kommunikationspartner des Vorgesetzten, sondern Ansprechpartner für alle. In dieser Rolle kennen sie die versteckten Zeichen der Kommunikation, die nicht nur auf der verbalen, sondern ebenso auf der nonverbalen und paraverbalen Ebene ablaufen. Am Beispiel Wut lassen sich die Systeme gut darstellen:

Verbal:	drückt die Wut in Wörtern aus (*Mir reicht's! So ein Mist! Blödmann. Idiot.*)
Nonverbal:	drückt Wut in Mimik und Gestik aus (Fäuste ballen, nach unten gerichtete Mundwinkel, gerunzelte Augenbrauen, mit dem Fuß aufstampfen)
Paraverbal:	unterstützt den Ausdruck der Wut durch den Ton

Tipp von Anna

Auf der nächsten Seite geht's auf Englisch weiter. Mein Ratschlag für Dich: Es existieren zahlreiche kostenlose Apps, mit denen man sein Englisch jeden Tag ein bisschen verbessern kann. Aufgrund der Vielzahl musst Du einfach mal selber das Internet durchstöbern! Good luck.

INFO
Grundregel 2: Die Gesprächsteilnehmer sollten immer genau hinhören, nicht aneinander vorbei reden und darüber hinaus authentisch (glaubwürdig, unverfälscht) sein. Der andere merkt ziemlich schnell, wenn jemand sich verstellt oder nicht richtig bei der Sache ist.

Fremdsprachen
Englisch

2. Sekretariatsführung
2.3 Kommunikation situationsgerecht gestalten

Improve your English

Hello, Mr. Smith calling.

Eine Kommunikation findet nicht immer in der Muttersprache statt, hin und wieder – je nach Unternehmen sogar standardmäßig – in einer Fremdsprache. Im Folgenden sind die nützlichsten Dialogbestandteile eines Telefonats auf Englisch zu sehen. Der Anrufer wird das Gespräch vermutlich mit einem dieser Sätze eröffnen: *Could you put me through to Mr. Weber, please? May I speak to Mr. Weber?* Oder: *Can you transfer me to Mr. Weber?*

Der Einstieg:
Anna Lamberts speaking.
Who is calling?
May I have your name, please?
Could you please repeat your name?
How do you spell that?
May I ask what it's about?
May I ask the reason for your call?
Could you tell me a little bit more about...?
What's the company called you work with?

Weiterleitung:
Please hold the line, I will connect you.
Just a moment, I will put you through.
I try contacting Mr. Weber. Please hold on a second.

Wenn besetzt ist:
His line is engaged.
He is speaking on the other line.
I'm sorry, his line is busy.

Wenn das Weiterleiten aus anderen Gründen nicht möglich ist:
I'm afraid, Mr. Weber is not available at the moment.

I'm sorry, Mr. Weber is in a meeting.
Can someone else help you?
May I help you?
Would you like to call back?
Would you like him to call back?
Mr. Weber is out at the moment, would you like to leave a message?
May I have your telephone number please?

Das Ende:
Goodbye.
Thank you very much for your call.
Have a nice day.
You're welcome, bye.
Anything else I can do for you?

2. Sekretariatsführung
2.3 Kommunikation situationsgerecht gestalten

Übung

Übung 7 Kommunikation auf Englisch

Bitte setze folgende Situation in ein Gespräch auf Englisch um:

Erkan nimmt ein Telefonat an. An der Leitung ist Natalia Kowalski, die Assistentin des Geschäftsführers eines Zulieferunternehmens aus Polen. Das Unternehmen heißt „Pawelwood Sp. z o.o.", der Geschäftsführer Krzysztof Drewno. Frau Kowalski begrüßt Erkan und bittet darum, ein Gespräch zu Herrn Bussberg zu vermitteln, da Hr. Drewno mit ihm sprechen möchte. Dieser ist jedoch gerade in einer Besprechung. Erkan fragt, ob jemand anders weiterhelfen kann, doch der Geschäftsführer möchte mit dem Chef reden. Daraufhin fragt Erkan, ob die Anruferin eine Nachricht hinterlassen möchte. Frau Kowalski sagt jedoch nein. Erkan erfragt, ob Herr Bussberg zurückrufen soll oder ob sie sich ein weiteres Mal meldet. Hr. Bussberg soll zurückrufen. Erkan bittet noch einmal um die Namen und eine Telefonnummer, um beides aufzuschreiben. Dann verabschiedet er sich und Frau Kowalski sagt ebenso auf Wiederhören.

Kommunikationskiller

Aktives Zuhören • Kommunikationskiller

2. Sekretariatsführung
2.4 Kommunikationsstörungen vermeiden

Gesprächsfrust vermeiden

Ob auf Englisch oder Deutsch, Missverständnisse können auf allen Ebenen der Kommunikation entstehen und je nach Laune und Tonfall Konflikte und Aggressionen schüren. Wer beschuldigt oder bedrängt wird, hat schnell keine Lust mehr, sich mitzuteilen. In der Lerngruppe von Jan, Lara, Anna, Erkan und Kim kommt das glücklicherweise selten vor. Sie kennen die No-Gos, die das Mitteilungsbedürfnis des anderen im Keim ersticken, die **Kommunikationskiller**.

- Beschuldigungen
- Moralpredigten
- ablenken
- bestimmen
- ins Lächerliche ziehen
- ins Belanglose ziehen
- beschämen
- beschimpfen
- generalisieren (verallgemeinern)

- Verhöre
- Lösungen vorgeben
- Befehle
- Drohungen
- Erpressungen
- Meinung aufdrängen
- Empfindungen relativieren oder ausreden

Tipp von Jan

Wenn wir in der Prüfung eine Aufgabe zum **aktiven Zuhören** bearbeiten müssen, sollten wir auch die Kommunikationskiller kennen. Lernen wir sie nicht nur stur auswendig, sondern stellen wir uns selbst die Frage: Was möchten wir von unserem Gesprächspartner NICHT hören? Also, ich möchte zum Beispiel nicht erpresst werden, nach dem Motto, *wenn du nicht machst was ich will, dann kriegst du Ärger.* Außerdem will ich keine Moralpredigt hören und nicht, dass man über mich bestimmt. Daran versuche ich mich dann in der Prüfung zu erinnern!

Feedback

Ablehnung • Annahme

Wie ein Bumerang

Kommunikationskiller haben grundsätzlich in keinem konstruktiven Gespräch etwas verloren, am allerwenigsten bei einem **Feedback**. Jeder, der Feedback gibt, sollte sich vorstellen, er wirft einen Bumerang – hat er die Technik nicht drauf, könnte das australische Wurfgerät den anderen eiskalt am Kopf erwischen. Beim Feedback ist das ähnlich: Ohne die richtige Methode kann der Gesprächspartner hart getroffen werden.

Dann geschieht das Gegenteil von dem, was geschehen sollte: Statt Einsicht zu gewinnen, kocht Widerstand in ihm hoch. In der Psychologie heißt diese Abwehrhaltung Reaktanz. Sie wird durch psychischen Druck oder Freiheitsbeschränkungen erzeugt, beispielsweise durch Drohungen, Verbote oder Forderungen nach Verhaltensänderungen (vgl. Kommunikationskiller).

Feedback soll das Gegenteil von **Ablehnung** bewirken: **Annahme**, um die persönliche Entwicklung anzuregen und zu unterstützen. Und das ist tatsächlich eine Frage der richtigen Technik, um ein Gespräch friedlich und konstruktiv zu führen.

Feedback

Feedback geben • Sandwich-Methode • Feedback einfordern

2. Sekretariatsführung
2.4 Kommunikationsstörungen vermeiden

Wie nett!

Feedback geben:

- sich auf die Arbeit betreffende Aspekte beschränken, nicht persönliche Eigenschaften des Kollegen herausgreifen
- sich im Fall eines Streits auf die konkrete Situation beziehen
- konstruktiv und sachlich an das Problem herangehen
- nicht motzen, nicht überheblich sein, einen netten Ton anschlagen
- **Sandwich-Methode** einsetzen: Lob – Kritik – Lob
- authentisch sein, da Glaubwürdigkeit die Voraussetzung ist, um Ablehnung zu vermeiden

Feedback einfordern:

- gezielte Rückmeldung des Gesprächspartners einfordern
- evtl. Kollegen hinzuziehen und um ihre Meinung bitten
- konstruktive und sachliche Betrachtung
- gut zuhören, dankbar annehmen und nachfragen, wenn etwas unklar ist
- einen Feedbackbogen anfertigen und von den Mitarbeitern ausfüllen lassen

2. Sekretariatsführung
2.4 Kommunikationsstörungen vermeiden

Ich-Botschaften
Welcher Aspekt? • Welches Gefühl?

Mit Ruhe und Respekt

Respektlosigkeit kann für private und geschäftliche Beziehungen das Aus bedeuten. Ob in partnerschaftlichen Beziehungen, in Familien, unter Freunden oder Kollegen, die Wirklichkeit sieht leider so aus, dass Kommunikation oft von Bestimmungen, Vorwürfen, Bewertungen oder Schuldzuweisungen geprägt ist. Immer mit dem Ergebnis, dass ein Mensch sich in die Ecke gedrängt fühlt oder meint, sich verteidigen zu müssen. Dadurch wird's also nicht besser. Ein Mittel, um Probleme zu besprechen, sind Ich-Botschaften. Wie funktioniert das?

Zugegeben, ein wenig Übung gehört dazu. Im Prinzip sind zwei Dinge zu klären:

1. Um welchen Aspekt geht es eigentlich genau?
2. Welche Gefühle oder Ängste hat der andere in mir ausgelöst?

Diese beiden Punkte werden nun in eine Ich-Botschaft gepackt.

1. das störende Verhalten neutral beschreiben und bei dem Aspekt bleiben, um den es geht
2. seine Empfindungen dazu in Wörtern ausdrücken
3. die Auswirkung erklären
4. eine Erwartung senden, wie es in Zukunft besser laufen kann

Nicht optimal klingt: *Sie sind immer schrecklich unzuverlässig.* Besser wäre: Sie waren zu spät an Ihrem Platz, deshalb wurde ich nervös. Ich hatte noch einen wichtigen Termin und mein Zeitplan geriet durcheinander. Daher bitte ich Sie, in Zukunft pünktlich zu sein.

Vorsicht, nicht jeder Satz, der mit Ich anfängt, ist automatisch eine Ich-Botschaft. Es gibt eine Bedingung: Das eigene Bedürfnis muss im Vordergrund stehen. Nicht: Ich bin ärgerlich, weil Sie nicht pünktlich an Ihrem Platz waren, sondern besser: Ich bin ärgerlich, weil ich in Zeitnot geriet.

Du-Botschaften
Ich- und Du-Botschaften • Verschlüsselte Du-Botschaften

2. Sekretariatsführung
2.4 Kommunikationsstörungen vermeiden

Aber du...

Der Effekt einer **Ich-Botschaft** wird am deutlichsten, wenn ihr eine **Du-Botschaft** gegenüber gestellt wird. „Du hast aber...", „Immer machst du...". Im Gegensatz zur Ich-Botschaft vermittelt die Du-Botschaft: Du bist schuld. Das verletzt die Gefühle des anderen und entspringt einzig und allein dem Bedürfnis, Recht haben zu wollen, nicht der Absicht, ein Problem zu bereinigen. Eine konstruktive Lösung wird so mit ziemlicher Sicherheit verhindert.

Du-Botschaften werden nicht immer in der direkten Du-Ansprache im Sinne von „Du bist..." formuliert, häufig werden **verschlüsselte** Du-Botschaften gesendet, hinter denen sich ein Vorwurf verbirgt. Einige Beispiele:

Ich fühle mich missverstanden. = Du verstehst mich nicht.

Ich finde es unfair. = Du bist unfair.

Das ist Quatsch. = Du erzählst Quatsch. Ich nehme dich nicht ernst.

Typisch...

Auch einzelne kleine Wörter können andere beleidigen und frustrieren. Eine Reaktion ist meistens nämlich nicht typisch, sondern situations- und stimmungsabhängig. In Du-Botschaften stecken jedoch sehr häufig die Wörter *nie, immer, ständig, schon wieder* oder *typisch*.

„Das ist mal wieder typisch." • „Nie räumst du auf." • „Immer kommst du zu spät."

Gründe und Ursachen

Umgang mit Konflikten • Kommunikationsregeln

Wenn's knallt

Dieses Kapitel hat gezeigt, Kommunikation ist ein elementares Thema. In jedem Moment und auf allen Ebenen kann eine Störung ausgelöst werden. Umso wichtiger ist es, zu verstehen, wie **Konflikte**, beispielsweise mit einer geeigneten Methode, gelöst werden. Wenn es richtig kracht, sollten darüber hinaus einige weitere Verhaltensweisen beachtet werden:

1. einen neutralen Raum aufsuchen
2. Souveränität ausstrahlen und einen gesunden Abstand wahren
3. evtl. einen Vermittler hinzu bitten

Regeln beachten

Auch die **Kommunikationsregeln** von **Ruth Cohn**, Psychologin, tragen dazu bei, Kommunikationsstörungen zu vermeiden.

- *ich* statt *man* oder *wir* sagen: Verantwortung für das Gesagte tragen
- bei Fragen nicht „ausfragen", sondern die Bedeutung der eigenen Fragen erklären
- eigene Worte und Beiträge sorgfältig auswählen
- nur für sich selbst sprechen
- Verallgemeinerungen vermeiden
- persönliche Eindrücke mitteilen
- es spricht immer nur einer
- eigene und fremde Körpersignale beachten

Der Gesprächsleitfaden
Vorteile • Nachteile

Gesprächsleitfaden im Vertrieb oder für eine Kundenbefragung

Anna hat in ihrem Ausbildungsbetrieb Nett & Weber oft Kontakt zu Kunden. Um Gesprächsverläufe zielgerichtet führen zu können und die passenden Argumente parat zu haben, erhielt Anna die Aufgabe, einen Gesprächsleitfaden zu entwickeln. Nach einigen Tagen hielt sie ihr Konzept in der Hand, das ihr Gerüst für zukünftige Kundengespräche ist und sie davor bewahrt, vom Thema abzuschweifen.

Vorteile

Fachwissen:	Es erfolgt eine ausführliche Auseinandersetzung mit einem Thema oder Produkt.
Strukturierung:	Ein unsortiertes Knäuel an Gedanken erhält eine klar erkennbare und verfolgbare Linie.
Aufmerksamkeit:	Die Konzentration ist im Gespräch zu 100 Prozent auf den Kunden gerichtet.
Corporate Behavior:	Die Konkurrenz unter den Mitarbeitern/Mitarbeiterinnen nimmt ab. Es entsteht Konformität im Umgang mit Kunden.

Nachteile

Automatismus:	Eine steife Anwendung birgt die Gefahr, unnatürlich zu erscheinen.
Abhängigkeit:	Die Unbiegsamkeit eines Leitfadens nimmt einem Gespräch den freien Verlauf und löst evtl. Unsicherheit aus, wenn er einmal nicht zur Hand ist.
Aufwand:	Das Erstellen, Überarbeiten und Optimieren ist ein aufwendiger, langer Prozess.

2. Sekretariatsführung
2.4 Kommunikationsstörungen vermeiden

Zusammenfassung
Ich-Botschaften • Du-Botschaften • Umgang mit Konflikten

Immer wieder üben

Vielleicht gibt es einige Leute, auf die tatsächlich eine typische Handlung zutrifft und andere, die wirklich nie aufräumen oder immer zu spät kommen. In den meisten Fällen ist das nicht so. Dann führen solche Aussagen zu Stress.

Mit den Methoden und Regeln, die in diesem Kapitel besprochen wurden, lassen sich (Kommunikations-)Probleme meistens lösen. Auch in äußerst festgefahrenen Situationen und kaum lösbar erscheinenden Konflikten können Ich-Botschaften und Co. ein Türöffner sein.

Der Prozess, die eigene Ansprache umzustellen, ist sicher nicht von heute auf morgen vollzogen. Aber mit etwas Übung sind Ich-Botschaften, aktives Zuhören oder gewaltfreie Kommunikation einfache und effektive Mittel, um friedlich, respektvoll und erfolgreich miteinander umzugehen, im Büro und privat gleichermaßen.

Tipp von Lara

Warum also Ich-Botschaften, aktives Zuhören oder Kommunikationsregeln? Ich fasse die wichtigsten Argumente noch einmal zusammen:

- Schuldzuweisung unterlassen
- Demütigung vermeiden
- Verunsicherung verhindern
- keine Ängste auslösen
- Enttäuschung vermeiden
- Rückzug verhindern
- Verbesserung der Beziehung
- ein vertrauensvolles Verhältnis schaffen
- jemandem zutrauen, sich mit seinen eigenen Lebensproblemen auseinanderzusetzen
- jemanden selber eine Lösung finden lassen

ÜBUNG

2. Sekretariatsführung
2.4 Kommunikationsstörungen vermeiden

ÜBUNG 8   Konflikte

Laras Chef verpasst rein sachlichen Aussagen und Arbeitsanweisungen immer eine Abwertung. Lara fühlt sich durch seinen Tonfall und seine Art der Aussagen wie ein kleines Kind. Er sagt etwa „Lara, der Text für das Mailing ist ja immer noch nicht da – geht bei Ihnen eigentlich auch irgendetwas schnell?". Oder: „Sie lassen mich hier schon seit einer Ewigkeit warten." Und noch ein Beispiel: „Sie haben wohl nicht zugehört. Wie oft muss ich das denn noch erklären?"

Das löste bei Lara Wut aus, und sie denkt: „Immer diese Vorwürfe im Unterton, obwohl ich doch gar nichts gemacht habe."

Jetzt hat der Chef einen Manager-Feedbackbogen an seine Mitarbeiter verteilt und Lara möchte die Gelegenheit nutzen, um Kritik zu üben. Wie kann sie ihrem Chef vermitteln, was schief läuft? Welche Vorschläge kann sie machen, wie er sich besser verhalten kann? Schlage Lara dazu einige Ich-Botschaften vor und beachte die Feedback-Regeln.

Biete auch dem Chef Alternativen zu seinen Aussagen an.

2. Sekretariatsführung
2.5 Kleinprojekte

Einleitung Kleinprojekte
Projektorganisation • Projektphasen • Vorlagen

Nichts von Dauer

Fit in der Sekretariatsführung: Dazu zählen nicht nur Selbstmanagement und kommunikative Kompetenz, auch die Planung, Durchführung, Kontrolle und Bewertung kleiner **Projekte** muss beherrscht werden – am besten ohne wilde Zettelwirtschaft. Liefen gleichzeitig mehrere Kleinprojekte aufgrund von Chaos aus dem Ufer, könnten die Kosten rasant und unkontrolliert in die Höhe schnellen. Wenn ein Fehler zum anderen kommt, ist das vor allem für kleine und mittelständische Unternehmen ein enormes Risiko.

Was wird unter Projekt verstanden? Ein Projekt hat immer ein eindeutiges Merkmal: Es existiert nur für eine bestimmte Dauer. Während dieser **Phase** arbeiten Mitarbeiter verschiedener Abteilungen zusammen, und es gilt, ein gemeinsames Ziel beziehungsweise gleich mehrere zu erreichen: das Leistungsziel, das Kostenziel und das zeitliche Ziel.

Das Gelingen eines Projekts hängt gleichzeitig in großem Maß von einer funktionierenden Kommunikation ab. Regelmäßige Meetings müssen durchgeführt werden, damit alle Beteiligten auf dem Laufenden sind und Probleme besprochen werden können – nach allen Regeln der Gesprächsführung. Die geführten Protokolle sind am Schluss für die Bewertung hilfreich.

Der Fortschritt eines Projektes wird in einer **Projektdokumentation** regelmäßig aktualisiert. So lässt sich zu jedem Zeitpunkt genau überprüfen, wie weit Teilbereiche vorangeschritten sind. Beispielsweise mit einer Word-**Vorlage** lässt sich für den Start ein Überblick verschaffen. Je nach Art und Projektumfang können auch Excel-Vorlagen (vgl. nächste Seite) gut eingesetzt werden. Ein Projektstrukturplan kann beispielsweise auch mit der SmartArt-Funktion in Word umgesetzt werden. Als Hilfsmittel zur Projektplanung kommt in vielen Unternehmen auch eine Projektmanagementsoftware zum Einsatz, die Terminberechnungen, Darstellungen der Aufgaben und Abläufe oder Analysen übernimmt. Bei Windows ist das beispielsweise „Microsoft Project". Außerdem werden als Grundlage für Projektpläne immer wieder Mindmapping-Programme verwendet.

Mit geeigneten Vorlagen oder einer zum Zweck der Projektdurchführung entwickelten Software lassen sich kleine Projekte also ohne große Zettelwirtschaft und ohne größeren finanziellen Aufwand für das Unternehmen durchführen.

Beispielvorlagen
Projektplanung • Durchführung • Kontrolle

2. Sekretariatsführung
2.5 Kleinprojekte

Es gibt Vorlagen

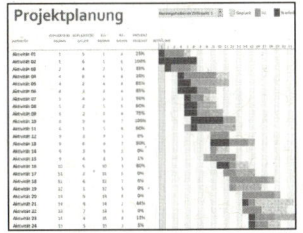
Projektplanung (Gantt)

Projektstrukturplan

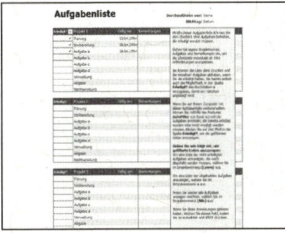
Aufgabenliste für Projekte

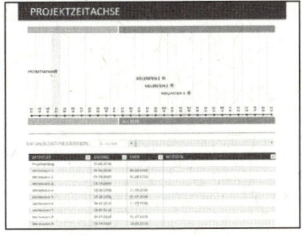
Projektüberwachung

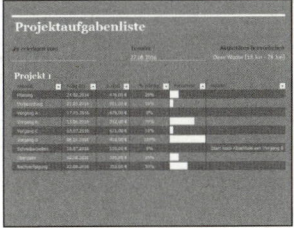
Projektaufgabenliste

Quellen:
http://templates.office.com

2. Sekretariatsführung
2.5 Kleinprojekte

Übersicht
Projektorganisation • Projektphasen

Leistungsziel – Kostenziel – zeitliches Ziel

Die **Projektorganisation** setzt sich drei Ziele: Die Leistung erstellen, den Kostenrahmen berücksichtigen, einen Termin einhalten. Auf dem Weg dorthin durchläuft ein Projekt folgende **Phasen**:

Die Planung	Die Durchführung	Die Kontrolle	Die Bewertung
→ Ziel klären → Kostenrahmen benennen → Team zusammenstellen → Schritte festlegen → Gestaltung definieren → Regeln aufstellen → Aufgaben verteilen → Abstimmung mit Projektpartnern und/oder anderen Abteilungen → Terminplan und Ablaufplan entwerfen	→ systematische Durchführung → chronologische Führung einer Projektdokumentation → Informationsaustausch → Meilensteine setzen → Zwischengespräche führen	→ Begleitung der Durchführung → Kontrolle der Meilenstein-Ergebnisse → Kontrolle der Kosten → Abweichungen erkennen und Maßnahmen ergreifen bzgl. Inhalt, Kosten, Termin	→ Projektevaluation, z. B. mit einem Fragebogen → Probleme benennen → Bewertung, um Probleme in Zukunft zu vermeiden

2. Sekretariatsführung
2.5 Kleinprojekte

Ablauf
Eckdaten für den Ablauf von Kleinprojekten

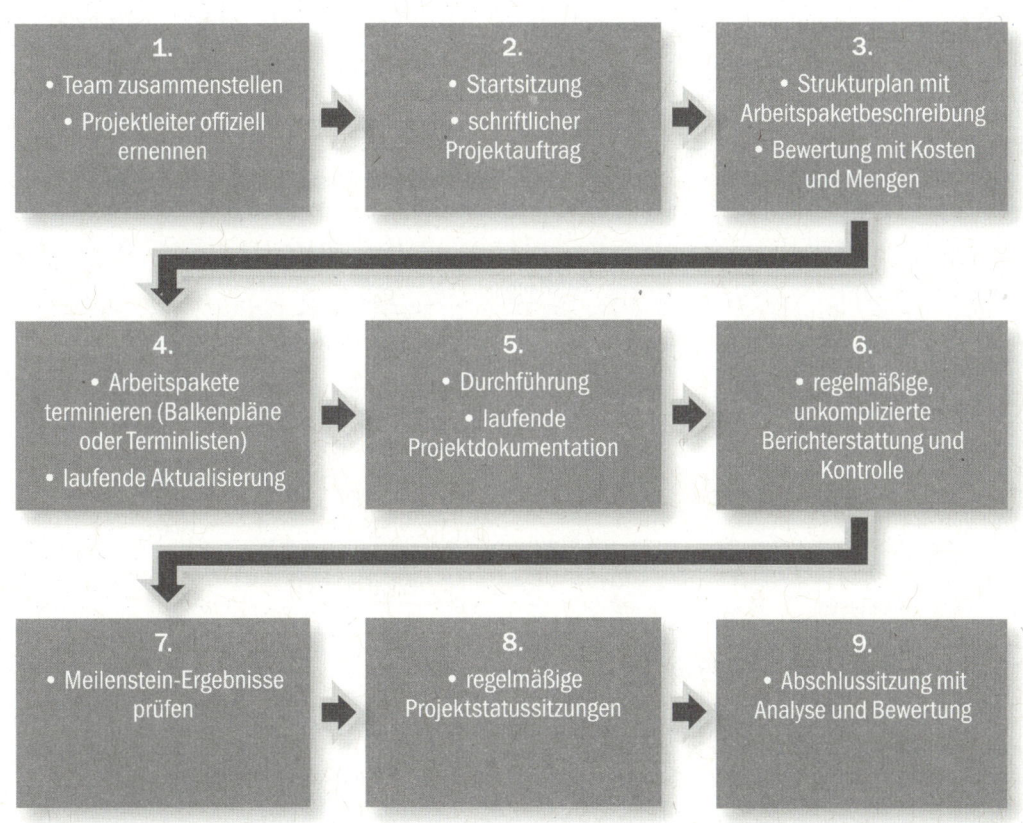

Projektpläne erstellen

Projektmanagementsoftware • Mindmapping • Projektbüro

Unterstützung durch Software

Lara kennt diese Gebilde aus der Werbe- und Eventagentur, in der sie ihre Ausbildung macht. Sie sind etwas flexibel in der Gestaltung, werden allerdings ab einer bestimmten Menge an Informationen unübersichtlich. **Mindmapping** ist eine kognitive Technik nach **Tony Buzan**, u. a. Autor, Psychologe und Kreativitätstrainer, mit dem ein Projekt in seine Einzelteile zerlegt wird. Es entsteht eine Gedankenlandkarte oder eine Gedächtniskarte, der freie Gedankenentfaltung vorausgeht. Eine Einteilung in Kategorien ermöglicht eine übersichtliche, visuelle Darstellung des Gedachten.

> **Tipp von Lara**
>
> In der Praxis wird oft ein **Projektbüro** eingerichtet. Was kann das sein? In meinem Ausbildungsbetrieb, der Agentur Knallbunt, richten wir einen Raum ein, der mit einer **Pinnwand** oder einem **Whiteboard** ausgestattet wird, zudem mit einem **Flipchart**, einem **Overheadprojektor** und einem **Computer**, auf dem eine **Projektmanagement-Software** installiert ist. Das macht ein Projekt für mich irgendwie „greifbar" und es ist kein theoretisches Gebilde mehr. Das ist ja auch das Schöne am Mindmapping, man hat das Projekt vor Augen.

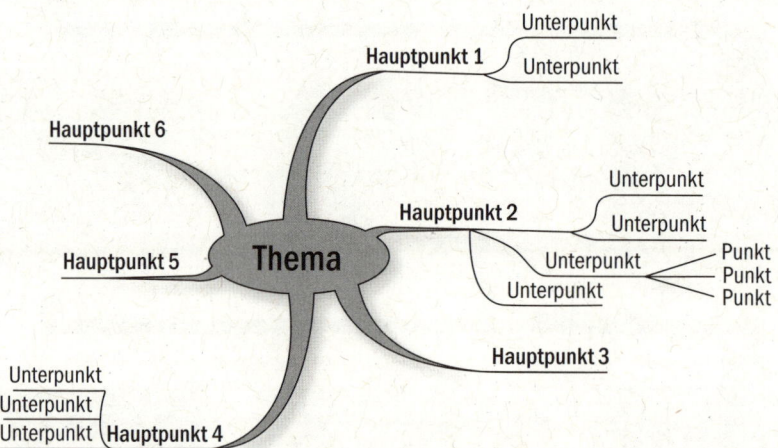

Wenn es ein Projektbüro gibt (vgl. Tipp von Lara), kann die Mindmap dort sehr gut hingehangen werden, damit allen Projektmitarbeitern jederzeit die Zusammenhänge klar sind. Ein Projektbüro ist ein Raum, der speziell für das Projekt eingerichtet wird, damit die Projektgruppe ohne Einfluss des Tagesgeschäfts am Projekt arbeiten kann.

Rückblick auf ein Projekt
Bewertung • Reflexion

Fehlerkultur – aus Fehlern lernen

Was hat funktioniert, was nicht? Am Ende geht es nicht darum, jemandem den schwarzen Peter in die Schuhe zu schieben, sondern um konstruktive Verbesserung. Auch hier gilt: Immer an die Ich-Botschaften denken. Eine ordentliche Analyse beugt Fehlern in der Zukunft vor. Eine Vorlage für ein „Bewertungsprofil" ist in den Word-Vorlagen zu finden, aber auch jeder selbst entworfene Feedbackbogen erfüllt diesen Zweck.

In der **Reflexion** sind möglicherweise folgende Punkte zu klären:
- Welche Probleme gab es?
- Was war gut?
- Gab es überraschende Nebeneffekte?
- Hat das Projekt nachhaltige Wirkung? Wenn ja, welche Aspekte genau?
- Was hat das Team gelernt?

2. Sekretariatsführung
2.5 Kleinprojekte

ÜBUNG

ÜBUNG 9   Projektplanung

Anna muss Harald, den Assistenten von Angela Nett, Geschäftsführerin der Softwarefirma Nett und Weber GmbH & Co. KG, unterstützen, einen Werbefilm für die Homepage des Unternehmens produzieren zu lassen. Auf der Suche nach einer geeigneten Werbeagentur fällt die Wahl auf die Knallbunt GbR, in der Annas Freundin Lara ihre Ausbildung macht.

Anna soll den Ablaufplan des Projekts als Balkendiagramm erstellen. Leider ist ihr PC defekt – Du musst ihr dringend helfen, die Dokumente pünktlich vorlegen zu können, um Stress zu vermeiden. Hier sind die Termine, die sie berücksichtigen muss:

07.01.	erste Teamsitzung
11.01. – 19.01.	Brainstorming
25.01. – 29.01.	erster Termin mit der Werbeagentur
08.02. – 10.02.	Konzept der Agentur anfordern
11.02. – 12.02.	Konzept – und Änderungsbesprechung
15.02. – 19.02.	Konzept-Abnahme
22.02. – 26.02.	Dreh
01.03. – 14.03.	Postproduktion
17.03. – 24.03.	Feinschliff, Präsentation auf der Homepage
29.03.	Abschlusssitzung

Erstelle für Anna den Projektablaufplan. Nutze dazu den Kalender, der auf der nächsten Seite abgebildet ist. Du kannst gerne Excel oder ein anderes Planungstool verwenden.

Tipp von Anna

Ich habe über das Projekt „einen Werbefilm produzieren" meinen Report in Assistenz und Sekretariat geschrieben.

Wenn du in deiner Ausbildung eine ähnliche Aufgabe zu meistern hattest, eignet sich das Thema perfekt für den Report.

Es bildete eine reale und komplexe Handlung ab und passte zur WQ. Die Aufgabe erforderte eine Planung, Durchführung und Kontrolle und war keine Routineaufgabe. Ich konnte zeigen, dass ich Probleme lösen, flexibel reagieren und Wirtschaftlichkeit bewerten konnte.

Achte in deinem Report auf diese Punkte!

2. Sekretariatsführung
2.5 Kleinprojekte

ÜBUNG
(Fortsetzung)

Kalender

Januar

KW	Mo	Di	Mi	Do	Fr	Sa	So
53					1	2	3
01	4	5	6	7	8	9	10
02	11	12	13	14	15	16	17
03	18	19	20	21	22	23	24
04	25	26	27	28	29	30	31

Februar

KW	Mo	Di	Mi	Do	Fr	Sa	So
05	1	2	3	4	5	6	7
06	8	9	10	11	12	13	14
07	15	16	17	18	19	20	21
08	22	23	24	25	26	27	28

März

KW	Mo	Di	Mi	Do	Fr	Sa	So
09	1	2	3	4	5	6	7
10	8	9	10	11	12	13	14
11	15	16	17	18	19	20	21
12	22	23	24	25	26	27	28
13	29	30	31				

2. Sekretariatsführung
2.6 Umweltbewusstsein im Büro

Umweltschutz im Büro
Top 10

Green, green, green!

Die Top 10 für eine gute Ökobilanz im Büro:

1. Papier: Recyclingpapier, E-Mails statt Briefe, Altpapier sammeln, Fehldrucke als Notizzettel einsetzen
2. Elektrizität: elektronische Geräte nach Feierabend ausschalten, Stand-by-Modus deaktivieren
3. Drucker: Druckeinstellungen für inoffizielle Schreiben und Probedrucke auf „Entwurf" setzen und in „Graustufen" drucken, beidseitig drucken
4. Toner: wiederauffüllbare Toner verwenden, umweltgerechte Entsorgung der Tonerkartuschen
5. Müll: Abfall trennen, auf Plastik verzichten, Kaffeekapselmaschinen verbieten, wiederverwendbare Lunchboxen mitnehmen, keine Einweg-Kaffeebecher aus der Mittagspause mitbringen, Getränke in Mehrweg- oder Pfandflaschen kaufen, Altglas in einen Container bringen
6. Reinigung: ökologische Reinigungsmittel verwenden und Produkte mit Mikroplastik (häufig in balsamartigen Körperpflege- und Waschmitteln, wie Seifen, Handcremes oder Spülmittel) vermeiden
7. Beschaffung: elektronische Geräte mit langer Lebensdauer anschaffen, Energieeffizienz berücksichtigen, kurze Transportwege
8. Zulieferer: Bürobedarf ökologisch und fair einkaufen, auf Umwelt- und Fairtrade-Siegel achten
9. Verpackung: Papier und Jutekordel als Verpackungsmaterial verwenden
10. Einrichtung: das Büro mit Biomöbeln ausstatten und Wände mit ökologischen Farben streichen lassen

INFO
Hersteller und Vertreiber sind verpflichtet, ihre in Verkehr gebrachten Verpackungen zurückzunehmen. Das ist so im Verpackungsgesetz (VerpackG) §15 Abs. 1 geregelt. Die Quoten für die Verwertung sind darin angehoben worden; Hersteller oder Vertreiber müssen Verpackungsmengen zu 100 Prozent über duale Systeme zurücknehmen.

Tipp von Anna
Umweltschutz

Die Gesichtspunkte des Umweltschutzes kannst Du in vielen Fällen sowohl in Deinen Reporten als auch in den Fachaufgaben der klassischen Prüfungsvariante mit aufnehmen.

Planungsphase: Welche umweltschützenden Maßnahmen sind zu ergreifen?

Durchführungsphase: Welche finden Anwendung?

Kontrolle/Bewertung: Was kann in Hinblick auf den Umweltschutz beim nächsten Mal besser laufen?

Einleitung
Übersicht Terminplanung

3. Terminkoordination und Korrespondenzbearbeitung

3.1 Termine koordinieren und überwachen

Ohne Termin geht hier gar nichts

Manchmal gleicht das Jonglieren mit den Terminen einem Puzzle, bei dem am Ende alle Teile perfekt ineinander passen müssen. Dann heißt es: Einen kühlen Kopf bewahren und vor allem den Überblick behalten.

Zur Terminplanung gehören die folgenden Aufgaben und Überwachungssysteme:
- Terminpläne organisieren, auf dem Papier und/oder digital (Terminplaner/-kalender, Plantafel, Outlook Kalender)
- Führen der Wiedervorlagemappe
- Kommunikation mit allen an dem Termin beteiligten Personen
- Termine überwachen, notfalls neu planen
- u. U. eine Planungssoftware (z. B. zur Koordination der Reparatur- und Montage-Aufträge) beherrschen
- u. U. eine Terminplanungssoftware zur Vergabe der Termine an Kunden einsetzen, mit der Terminbuchungen online möglich sind; häufig inkl. Erinnerungs-SMS an den Kunden einige Stunden vor dem Termin
- Terminkoordination online (z. B. über doodle.com)

Termine kommen aus vielen Bereichen: Zahlungstermine, Liefertermine, Start- und Endtermine der Produktion, Besprechungen, Reisen und Veranstaltungen. Mit dem Einsatz der Mittel zur Terminplanung wird die Termin-Akrobatik übersichtlich. Änderungen und schneller Zugriff sind problemlos möglich.

Tipp von Jan

Die Terminarten

Einige Termine kehren in regelmäßigen Abständen wieder, andere sind einmalig.

Fixe Termine: Steuertermine, Teamsitzungen, Vorstandssitzungen, Messen, Geburtstage

Variable Termine: Besuche von Geschäftspartnern, Kundenbesuche, Tagungen, Events

Grundsatz: feste Termine zum Jahresanfang eintragen, um spätere Überschneidungen zu vermeiden

Hilfsmittel Microsoft Outlook
Termine digital anlegen

Herzlich Willkommen

Outlook öffnen, Kalender auswählen, Termine eintragen – das sind die ersten Schritte in die Outlook-Welt, in der alles nach Plan läuft. Wer sich zum ersten Mal hier umschaut, muss ein bisschen „Sightseeing" machen, es lohnt sich, die vielen Funktionen zu kennen. Auf jeden Fall sollten Besucher sich die vielen attraktiven **Aktionen** in einer kleinen Rundreise nicht entgehen lassen.

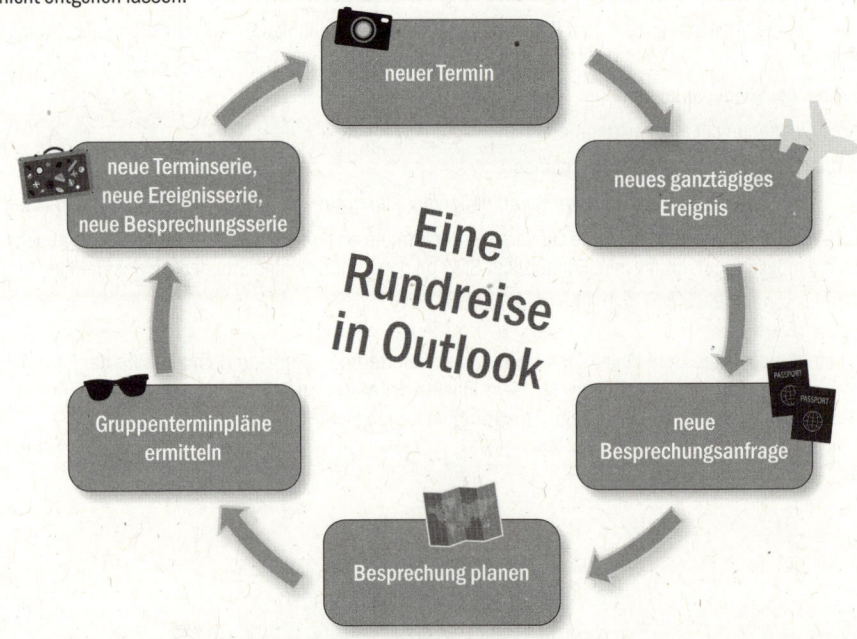

Terminumfrage
Hilfsmittel Doodle

3. Terminkoordination und Korrespondenzbearbeitung
3.1 Termine koordinieren und überwachen

Doodle doch mal

Viele Termine können mit dem Outlook Kalender gesteuert werden. Aber auch anders ausgerichtete Systeme sind äußerst praktisch, etwa zur Terminfindung. Anna gefällt zum Beispiel Doodle, sie könnte gar nicht mehr ohne leben. Ständig schickt sie ihren Freunden Terminanfragen, um die Verabredungen zu koordinieren. Wenn ein geeignetes Datum unter mehreren Teilnehmern abgestimmt werden muss, ist **Doodle** auch im Büro ein gutes Hilfsmittel. Per Umfrage wird ermittelt, welcher Tag und welche Uhrzeit am besten passen.

Beliebtester Termin: Montag, 3. Januar 19:00

4 Teilnehmende	Januar Mo 3 18:00	Januar Mo 3 19:00	Di 4 19:00	Do 6 19:00	Fr 7 18:00	Fr 7 19:00
Lara	(✔)	✔		✔		
Anna		✔			✔	✔
Jan	✔	✔	✔			
Erkan		(✔)	✔	✔		✔
Ihr Name	Ja (Ja) Nein	Ja (Ja) Nein	Ja (Ja) Nein	Ja (Ja) Nein	Ja (Ja) Nein	Ja (Ja) Nein
Ja	1	3	2	2	1	2
Wennsseinmuss	1	1	0	0	0	0
Nein	2	0	2	2	3	2

3. Terminkoordination und Korrespondenzbearbeitung
3.1 Termine koordinieren und überwachen

ÜBUNG

ÜBUNG 10   Arbeiten mit Outlook Kalender

Kim, die bei der Tentor Steel AG arbeitet, wurde gebeten, einige Termine in Outlook einzutragen. Außerdem soll sie bei den Vorstandmitgliedern Louis Clément Marchand und Dr. Anita Richter für den 24.03. um 09:00 Uhr einen Besprechungstermin zur Vorbereitung der nächsten Vorstandssitzung anfragen. Mach die Aufgaben bitte mit ihr gemeinsam. Folgende Termine müssen erstellt werden:

neuer Termin: 08.02. um 13:00 Uhr, Geschäftsessen mit Dr. Jörg Etzel, Knoll Ltd., Ort: Germania-Campus, Münster. Teilnehmer: Vorstandsmitglied Louis Clément Marchand, Assistentin Alia Yilmaz – Teilnehmer bitte per Outlook einladen, 2 Std. vorher erinnern – Anfahrtszeit bei der Erinnerungszeit berücksichtigen • blau markieren

neue Terminserie: Controlling, immer montags 14:00 – 15:00 Uhr, Beginn ab sofort, ohne Enddatum, Raum IV, Erinnerung 15 min vorher, Louis Clément Marchand, Silke Hofmeister • grün kennzeichnen

neue Ereignisserie: Geburtstage der neuen, auszubildenden Industriemechaniker Janosch Grabowski, 10.03.2002, und Mustafa Ökmen, 27.11.2007, eintragen • in Gelb anzeigen

neues ganztägiges Ereignis: Selbstmanagement-Seminar, 24.02., ganztägig, Hannover, Institut für Coaching, Sigmund-Freud-Str. 251; Louis Clément Marchand einladen • lila markieren

neuer Besprechungstermin: Louis Clément Marchand und Dr. Anita Richter für den 24.03. um 09:00 – 11:30 Uhr, bei Tentor, Betreff: Vorbereitung der nächsten Vorstandssitzung

Die Ablage
Wertstufen • Aufbewahrungsfristen • Registratur • Ablagetechnik

3. Terminkoordination und Korrespondenzbearbeitung
3.1 Termine koordinieren und überwachen

Ablage richtig organisiert

Was ist ein Dokument wert? Die Kategorisierung der Schriftstücke und Unterlagen in vier Wertstufen vereinfacht die Bearbeitung für die Registratur und verhindert eine unnötige Ablage.

Tageswert:	ohne Relevanz oder von kurzzeitigem Interesse
Prüfwert:	offene Vorgänge, die weiterzubearbeiten sind, mit zeitlich begrenzter Bedeutung
Gesetzeswert:	auf gesetzlichen Aufbewahrungsfristen basierend, wie HGB, UStG, AO und BEG
Dauerwert:	unverzichtbar, beweiskräftig, langfristig bedeutsam

Aufbewahrungsfristen: Die Faustregel lautet: finanzrelevante Unterlagen sind 8 bis 10 Jahre zu verwahren, Handelskorrespondenz 6 Jahre. Die Aufbewahrungsfrist beginnt nach dem Ende des Kalenderjahrs, in dem ein Brief eingegangen ist oder ein Jahresabschluss fertiggestellt war. Neu ist seit 01/25 laut BEG IV (beschlossen am 26.09.2024) die Frist für Buchungsbelege sowie ausgegangene und eingegangene Rechnungen. Sie beträgt jetzt 8 Jahre (vormals 10 Jahre). Für Lieferscheine: Wenn eine inhaltsgleiche Rechnung vorhanden ist und der Lieferschein nicht als Buchungsbeleg gilt, endet die Aufbewahrungsfrist mit dem Erhalt oder dem Versand der Rechnung. Enthält der Lieferschein für die Rechnung relevante Angaben, ist jedoch Vorsicht geboten. Dann ist er wie die Rechnung weiterhin 8 Jahre aufzubewahren.

Einige Beispiele:

6 Jahre	8 Jahre	10 Jahre
• empfangene Handels- und Geschäftsbriefe • Kopien abgesandter Handels- und Geschäftsbriefe • Unterlagen, die für die Besteuerung bedeutsam sind • Frachtbriefe • Patente (nach Ablauf eines Patents) • etc.	• ausgestellte und empfangene Rechnungen • Buchungsbelege	• Inventare • Inventarlisten • Bilanzen • Bücher: Grundbuch/Journal, Haupt- und Nebenbücher • Zollbelege • etc.

(Hierzu existieren ausführliche, jahresaktuelle Merkblätter, die etwa auf der Internetseite der IHK abrufbar sind.)

INFO

Die neue 8-Jahre-Regel betrifft beispielsweise: Rechnungen, Kontoauszüge, Lieferscheine, Auftragszettel, Bewertungsunterlagen, Quittungen, Schecks, Wechsel, Eigenbelege, Lohn- und Gehaltsabrechnungen, Kassenberichte, Steuerbescheide, Reisekostenabrechnungen oder Warenbestandsaufnahmen.

Beispiel: Wie berechnest Du die Aufbewahrungsfrist für eine eingegangene Rechnung?

Dein Ausbildungsbetrieb erhält im Lauf des Jahres 2025 eine Rechnung über den Einkauf von Prüfungstrainern für die Auszubildenden. Die achtjährige Aufbewahrungsfrist beginnt dann am 31. Dezember 2025 und endet am 31. Dezember 2033. Die Rechnung darf ab dem 1. Januar 2034 entsorgt werden.

Die Ablage
Aufbewahrungsfristen • ÜBUNG

ÜBUNG 11 **Aufbewahrungsfristen**

Kim erhält in ihrem Ausbildungsbetrieb **Tentor Steel AG** von ihrem Vorgesetzten einen Stapel Dokumente und muss entscheiden, welche Papiere ab dem 01.01. des Jahres 2026 vernichten werden dürfen. Hilf ihr und füll die leeren Spalten aus!

Dokument	Eingangs- oder Entstehungsjahr	Vernichten 2026	Vernichten im Jahr:
Rechnung, eingehend	2019		
Betriebsabrechnungsbogen	2015		
Buchungsbeleg	2017		
Debitorenliste	2015		
Frachtbrief	2019		
Kontoauszüge	2022		
Kostenträgerrechnung	2015		
Bewirtungsbeleg	2021		
Wertberichtigungsunterlagen	2015		

Termin-Ordnungs-Systeme
Wiedervorlagemappe • Hängeregister

3. **Terminkoordination und Korrespondenzbearbeitung**
3.1 Termine koordinieren und überwachen

Papiere unter Kontrolle

Der Termin steht, aber wohin mit den ganzen Papieren, die erst später gebraucht werden? In die Wiedervorlage natürlich. Die Schriftstücke werden termingerecht in eine **Wiedervorlagemappe,** auch Ordnungsmappe oder Pultordner genannt, einsortiert, damit sie zum richtigen Zeitpunkt griffbereit sind. Geschäftskorrespondenz, Formulare, Informationen oder Flyer sind bestens darin aufgehoben. Außer der Wiedervorlagemappe können auch **Hängeregister** in einer **Hängeregisterbox** verwendet werden. Die Aufgaben hängen während ihrer Ablage in der Mappe also gewissermaßen in der Luft. Du wartest darauf, dass etwas geschieht. Das ist der Fall,

- wenn Du auf eine Antwort wartest (z. B. bzgl. eines Angebotes)
- wenn Du weitere Informationen von Dritten benötigst (z. B. einen Werbeplan einer externen Agentur)
- wenn Du einen Vortrag nicht verpassen möchtest (z. B. über das Thema „Getting Things Done")
- wenn Du weiteres Material zusammentragen musst (z. B. für eine Tagung oder eine Geschäftsreise)

Aufpassen! Bestimmte Schriftstücke in der Wiedervorlage sind an **Fristen** geknüpft, die mit Rechtsfolgen verbunden sein können. Sie dürfen auf keinen Fall übersehen werden.

Weg vom Papier, hin zur Digitalisierung: Viele Unternehmen beschreiten den Weg hin zum papierlosen Büro. Dokumente werden zukünftig immer mehr in digitalen Ablagen gespeichert. Dazu kommen **Dokumentenmanagementsysteme** zum Einsatz.

In ihnen sind Dokumente strukturiert archiviert, in einem gut organisierten digitalen Archiv. Mit der intelligenten digitalen Archivierung haben Unternehmen ihre Daten im Überblick und halten Gesetze und Fristen ein. Die Lösungen für digitale Archivierung sind vielfältig und an die individuelle Situation eines Unternehmens anpassbar.

3. Terminkoordination und Korrespondenzbearbeitung
3.1 Termine koordinieren und überwachen

Terminabweichungen
Vorbeugen und Handeln • Outlook Aufgabenliste

Termine unter Kontrolle

Sicher ist sicher! Diese Formel gilt für viele Lebenslagen, aber an erster Stelle sollte sie bei der **Terminüberwachung** eingesetzt werden, die das Fundament eines reibungslosen unternehmerischen Ablaufs ist. Eine perfekte Terminplanung beugt Terminabweichungen prinzipiell vor, aber oft genug läuft trotzdem etwas schief. Also:

- Termine im Blick haben, **Zeiten überwachen**
- Termine notfalls rechtzeitig **verschieben** bzw. **verlegen**
- **Terminverschiebungen** und -ausfälle so schnell wie möglich **kommunizieren**
- vorher prüfen, ob **Personen** und **Ressourcen verfügbar** sind
- Unterlagen überprüfen, damit **niemand zur falschen Zeit am falschen Ort** ist

Wird ein Termin vermasselt: Notfallplan erstellen, Selbstkontrolle aufrechterhalten, die Regeln der Gesprächsführung einhalten und andere an diese erinnern, wenn sie ungehalten werden sollten!

Noch ein praktischer Tipp: Bist Du einmal vor einem Termin nicht im Büro, lege die Unterlagen, die Du für diesen Termin benötigst, an dem Tag in die Wiedervorlagemappe, an dem Du vorher zum letzten Mal im Büro bist. An die Stelle, an die die Dokumente eigentlich gehören, heftest Du zusätzlich eine Notiz mit dem Vermerk, wo die Unterlagen sich jetzt befinden – nur falls diese vorher noch einmal gebraucht werden und nicht unnötig gesucht werden sollen.

INFO
Alle Aufgaben können auch in einer Liste in Microsoft Outlook angezeigt werden. Unter Status wird ausgewählt, ob die Aufgabe „nicht begonnen" ist, sich „in Bearbeitung" befindet, „erledigt" ist, „zurückgestellt" werden soll oder auf jemand anderen wartet.

Tipp von Lara

Zeitdiebe im Büro

→ Material suchen, das nicht an seinem Platz liegt
→ nicht „nein" sagen können
→ viele Unterbrechungen
→ lückenhafte Informationen, die nachträglich zu beschaffen sind
→ lange Wartezeiten auf Informationen
→ zahlreiche angefangene, aber nicht beendete Aufgaben
→ schlechte Koordination der Arbeitsabläufe
→ mangelnde Disziplin, fehlende Ausdauer
→ keine Prioritäten
→ keine Zeitplanung
→ zu lange Gespräche mit Kollegen/Kolleginnen

Wenn Kaufvertragsstörungen zu Terminabweichungen führen

Lieferverzug oder Nicht-Rechtzeitig-Lieferung • Negative Folgen abwenden • Nichterfüllungsschaden • Verzögerungsschaden

3. Terminkoordination und Korrespondenzbearbeitung
3.1 Termine koordinieren und überwachen

Der Liefertermin droht zu platzen

Eine falsche Einschätzung der Ressourcen, eine Störung in der Produktion, Lieferschwierigkeiten eines Herstellers – schon steckt ein Unternehmer in der Klemme. Wenn der Liefertermin in Gefahr ist, sind schnellstmöglich Maßnahmen zur Abwendung negativer Folgen, wie Rücktritt vom Kaufvertrag oder Schadensersatzforderungen, zu ergreifen.

Der Lieferverzug, auch Nicht-Rechtzeitig-Lieferung genannt, setzt ein, wenn ein Lieferant...

1.) an einem kalendermäßig vereinbarten Termin nicht liefert oder

2.) der Gläubiger den Verzug durch eine Mahnung auslöst.

Der Schuldner hat jedoch noch eine Chance: Die Nachfrist. Diese muss der Gläubiger in den meisten Fällen einräumen.

Zeichnet sich ab, dass ein Liefertermin nicht einzuhalten ist, sind rechtzeitig Maßnahmen zu ergreifen, um **negative Folgen abzuwenden**: → offensiv an den Kunden herantreten → den Kunden von sich aus und frühzeitig informieren → ein persönliches Gespräch führen → Entgegenkommen zeigen, etwa ein Ersatzprodukt oder speziellen Service offerieren

Mögliche Folgen bei verspäteter Lieferung: Lässt der Schuldner eine Nachfrist verstreichen, kann der Gläubiger vom Kaufvertrag zurücktreten und/oder Schadensersatz verlangen. Der Schaden wird als konkreter Schaden, z. B. ein Deckungskauf, oder abstrakter Schaden, z. B. Umsatzeinbußen oder Konventionalstrafe (im Voraus festgesetzte, meist gestaffelte, Geldstrafe bei Verzögerung), beziffert.

> **INFO**
> Ausnahmen bei der Nachfrist bilden Situationen, die ein absolutes Fixgeschäft darstellen, bei denen eine spätere Lieferung absolut keinen Sinn macht, beispielsweise die Lieferung einer fünfstöckigen Hochzeitstorte. Der Bäcker muss das opulente Gebäck genau am Tag der Eheschließung liefern. Drei Tage später ist die Hochzeit vorbei und eine Torte wird nicht mehr benötigt.

Tipp von Jan

Läuft die Nachfrist ab...

Nichterfüllungsschaden → Der Auftraggeber tritt vom Kaufvertrag zurück, da er die Ware nicht mehr benötigt oder bei einem Mitbewerber kauft. Er fordert die entstandenen (Mehr-) Kosten vom ursprünglichen Auftragnehmer ein.

→ Schadensersatz statt der Leistung

Verzögerungsschaden → Der Auftraggeber kann die Ware nicht anderweitig beziehen und nimmt die verzögerte Lieferung in Kauf. Die daraus hervorgegangenen Kosten macht er als Schadensersatz geltend.

→ Schadensersatz neben der Leistung

© u-form Verlag – Kopieren verboten!

3. Terminkoordination und Korrespondenzbearbeitung
3.1 Termine koordinieren und überwachen

Urlaub
Bundesurlaubsgesetz • Urlaubsanspruch

Happy Holiday!

Anna ist reif für die Ferien! Sie hatte in ihrem Ausbildungsbetrieb Knallbunt GbR viel zu tun und freut sich auf ihren Sommerurlaub. Erholung ist wichtig und deshalb gesetzlich geregelt. Das Bundesurlaubsgesetz (BUrlG) sieht für jeden Arbeitnehmer/jede Arbeitnehmerin einen Urlaubsanspruch von jährlich mindestens 24 Werktagen bei einer 6-Tage-Woche vor (das entspricht 20 Arbeitstagen bei einer 5-Tage-Woche). Häufig existieren Vereinbarungen für Zusatzurlaub, die eine höhere Anzahl an Urlaubstagen regeln. Den Anspruch auf Urlaub erwirbt ein Mitarbeiter/eine Mitarbeiterin nach einer sechsmonatigen Wartezeit (vgl. BUrlG § 4).

Bei einem Arbeitgeberwechsel ist für die Berechnung des Urlaubsanspruchs entscheidend, ob das Arbeitsverhältnis bis einschließlich zum 30.06. oder nach dem 30.06. beendet wird.

Fall 1 – Beendigung in der **ersten Jahreshälfte**: → Es besteht Anspruch auf ein Zwölftel des Jahresurlaubs für jeden voll gearbeiteten Monat, sofern die Beschäftigung bereits sechs Monate andauerte. Ein Beispiel: Ein langjähriger Kollege von Jan, mit Anspruch auf den gesetzlichen Mindesturlaub von 20 Tagen, verlässt Heitz Elektro e.K. zum 31.04. Jans Chef, Hubert Heitz, legt vier voll gearbeitete Monate zugrunde, teilt diese durch 12 und multipliziert das Ergebnis mit dem gesetzlichen Anspruch. Daraus ergeben sich 7 Tage.

Die Formel: Anzahl der voll gearbeiteten Monate : 12 x Urlaubsanspruch; hier also: 4 : 12 x 20 = 6,67 (Ab 0,5 ist aufzurunden.)

Fall 2 – Beendigung in der **zweiten Jahreshälfte**: Ein Mitarbeiter/eine Mitarbeiterin hat mindestens Anspruch auf den vollen gesetzlichen Mindesturlaub. Die Höhe der Zusatzurlaubstage hängt davon ab, ob im Arbeitsvertrag die „pro rata temporis"-Regel vermerkt ist. Trifft dies zu, ist jeder voll gearbeitete Monat mit einem Zwölftel zu berücksichtigen. Beispiel: Eine Mitarbeiterin der Bussberg Büromöbel GmbH kündigt zum 30. September. Arbeitsvertraglich hat sie 30 Urlaubstage (20 Tage Mindesturlaub, 10 Tage Zusatzurlaub), „pro rata temporis" ist vorgesehen. Daraus ergibt sich ein Anspruch von 23 Tagen.

Die Herleitung: 9 Monate : 12 Monate x 30 Tage = 22,5 Tage. Auch hier ist aufzurunden, so dass sich ein Anspruch auf 23 Urlaubstage ergibt.

Ist die „pro rata temporis"-Regelung nicht vereinbart, stehen dem Arbeitnehmer/der Arbeitnehmerin die vertraglich festgelegten Tage in vollem Umfang zu (in o. g. Beispiel wären das 30 Tage).

Tipp von Kim

Gesetzlicher Mindesturlaub ist – zum Glück – unabdingbar. Das heißt, anderweitig getroffene, arbeitsrechtliche Vereinbarungen, die einen geringeren Urlaubsanspruch vorsehen, sind unwirksam.

Recherche
Wege • Kriterien • Herkunft

3. Terminkoordination und Korrespondenzbearbeitung
3.2 Informationen und Arbeitsergebnisse bereitstellen

Wege der Informationsbeschaffung

Viele Informationen und Unterlagen landen sowieso auf dem Schreibtisch des Vorzimmers, aber hin und wieder müssen Sekretäre/Sekretärinnen und Assistenten/Assistentinnen die Initiative ergreifen und ein Thema **selber recherchieren**. Es kann sein, dass sowohl unternehmensinterne als auch unternehmensexterne Daten benötigt werden. Wie kommen Jan, Lara, Anna, Erkan oder Kim an die gewünschten Informationen heran, wenn sie in diese Situation geraten? Und wie ist die Glaubwürdigkeit der Informationsquellen zu beurteilen?

Die **Wege**:
- Internetrecherche (Online-Datenbanken, Suchmaschinen)
- Dokumentenmanagementsysteme
- Recherche in Papierdokumenten
- Textsuche in Dokumenten
- schriftliche oder telefonische Anfragen bei bestimmten Informationslieferanten

Die (Glaubwürdigkeits-)**Kriterien**:
- Aktualität • Objektivität
- sachliche Richtigkeit • Zuverlässigkeit
- Verfügbarkeit • Handhabung
- Qualität • Kosten
- Urheberrecht • Datenschutz
- Herkunft: Verband, Gewerkschaft, Partei, Institution, Ministerium, Hersteller

ÜBUNG

ÜBUNG 12   Umsatzstatistik bereitstellen

Es ist Dezember 2025 und Jan hat den Auftrag, eine Umsatzstatistik zu erstellen, die für eine Besprechung am kommenden Arbeitstag vorliegen muss. Er soll die Monate des Vorjahrs im Vergleich zum laufenden Geschäftsjahr – bis November – darstellen. Dafür soll er ein Liniendiagramm verwenden. Zeige Jan, wie es mit Excel geht.

Hier die benötigten Umsatzzahlen, in denen bereits alle Rückgaben berücksichtigt sind, die Jan aus der Buchhaltung erhalten hat:

Umsätze Heitz Elektro e. K. 2024	
Monat	**Umsatz Vorjahr**
Jan	71.415,00 €
Feb	49.550,00 €
Mrz	48.900,00 €
Apr	76.412,00 €
Mai	60.735,00 €
Jun	44.032,00 €
Jul	47.120,00 €
Aug	41.900,00 €
Sep	70.430,00 €
Okt	73.014,00 €
Nov	81.811,00 €
Dez	95.000,00 €

Umsätze Heitz Elektro e. K. 2025	
Monat	**Umsatz Vorjahr**
Jan	78.000,00 €
Feb	56.800,00 €
Mrz	52.489,00 €
Apr	116.433,00 €
Mai	62.220,00 €
Jun	48.415,00 €
Jul	42.545,00 €
Aug	51.670,00 €
Sep	82.812,00 €
Okt	90.718,00 €
Nov	125.877,00 €

Schnittstelle Sekretariat

Infos einfordern • Aufgaben anfragen

3. **Terminkoordination und Korrespondenzbearbeitung**

3.2 Informationen und Arbeitsergebnisse bereitstellen

Asap – as soon as possible

Alles, was nicht selbst zu recherchieren ist oder ohnehin von alleine eintrifft, muss per Aufgabe eingefordert werden – z. B. wenn der Chef Gesetztestexte und Informationen zum Widerrufsrecht aus der Rechtsabteilung anfordert. Oder wenn das nächste Meeting ansteht, in dem die Ergebnisse der zu besprechenden Projekte pünktlich auf dem Tisch liegen müssen. Oder wenn die Assistenz dringend eine aktuelle Umsatzstatistik vorlegen soll und dafür Informationen über die letzten Umsätze, Verkaufszahlen und Rückgaben der Kunden braucht.

Um eine bestimmte Information oder ein besonderes Arbeitsergebnis bereitstellen zu können, muss die Aufgabe häufig an die entsprechenden Kollegen in den zuständigen Abteilungen abgegeben werden. Der Auftrag dazu wird ausgesprochen oder schriftlich formuliert. Aufgaben-Anfragen können zum Beispiel mit Microsoft Outlook verschickt werden.

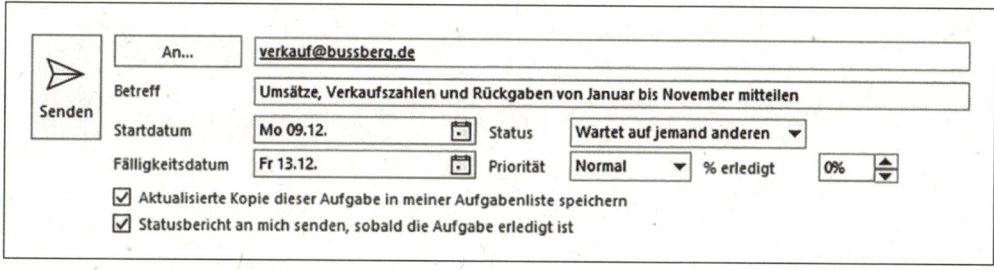

Beispiel für eine Aufgaben-Anfrage mit Microsoft Outlook.

Ob Post, Rechercheergebnisse oder speziell eingeforderte Unterlagen: Wenn Informationen termingerecht und geordnet zur Verfügung gestellt werden müssen, bildet das Sekretariat oder die Assistenz oftmals eine **Schnittstelle** zwischen dem Vorgesetzten und den Mitarbeitern – Führungsqualität und Delegation spielen hier eine wichtige Rolle.

3. Terminkoordination und Korrespondenzbearbeitung
3.2 Informationen und Arbeitsergebnisse bereitstellen

Schnittstelle Sekretariat
Sich durchsetzen • Delegieren

Aufgaben richtig weitergeben – die richtigen Aufgaben weitergeben

Das Einfordern, Aufbereiten, Recherchieren und Bereitstellen der unzähligen Informationen erfordert Ausdauer und **Durchsetzungsvermögen**.

In diesem Zusammenhang gilt es auch, einige Regeln des Delegierens zu kennen. Dazu im Folgenden mehr!

Delegieren bedeutet nicht, LÄSTIGE Aufgaben abzuschütteln, sondern B- und C-Aufgaben abzugeben (ABC-Methode vgl. S. 22 – 23). Bevor eine Aufgabe delegiert wird, kommt sie darum auf den Prüfstand. Es müssen einige Entscheidungen getroffen werden: Warum überhaupt delegieren? Was ist zu delegieren? Wer ist dafür geeignet? Wie sind die Bausteine der Ausführung? Wann soll sie erledigt werden? Womit müssen die Mitarbeiter ausgestattet sein?

Warum? Warum sollte die Aufgabe abgegeben und nicht selbst erledigt werden (vgl. u. a. Eisenhower-Prinzip)? Was passiert, wenn die Aufgabe nicht bearbeitet wird?

Was? Was muss gemacht werden? Welche Teilaufgaben entstehen? Wie lautet das Ziel bzw. die eindeutige Zielformulierung? Welche Abweichungen und Probleme können auf die Beteiligten zukommen?

Wer? An wen wird die Aufgabe delegiert? Wer und wie viele Personen sind in der Lage sie auszuführen?

Wie? Wie ist die Art der Ausführung? Welches Budget steht dafür zur Verfügung? Welche Informationen sind an den/die Ausführenden weiterzureichen? Welche anderen Abteilungen sind zu informieren? Gibt es Vorschriften und Richtlinien zu beachten? Eine klare WIE-Formulierung der Aufgabe beugt Missverständnissen vor – am besten schriftlich.

Wann? Wann ist der Startzeitpunkt? Wann sind Zwischenergebnisse zu kontrollieren? Müssen Zwischenergebnisse präsentiert werden? Wenn ja, wann? Wann muss die Aufgabe erledigt sein?

Womit? Welche Informationen werden gebraucht? Mit welchem Arbeitsmaterial müssen die Beteiligten ausgestattet sein? Müssen sonstige Hilfsmittel bereit stehen?

Info-Pakete
Papierdokumente zusammenfassen • Dokumente digital zusammenfassen

3. Terminkoordination und Korrespondenzbearbeitung
3.3 Informationen und Dokumente zusammenstellen

Zettelwirtschaft adé

Täglicher Posteingang, Bankunterlagen, Unternehmensdaten, Unterlagen für ein Seminar, eine Präsentation, ein Meeting oder auch angeforderte Literatur – es ist viel, was auf dem Schreibtisch eines Sekretärs/einer Sekretärin bzw. eines Assistenten/einer Assistentin landet.

Hauptsache, es besteht ein Prinzip, um die Übersicht zu behalten, eine Wiedervorlage (WV) beispielsweise. Wer sich „verzettelt", dreht irgendwann durch. Die kleinen themen- oder aufgabenspezifischen Info-Päckchen sind nicht nur inhaltlich zusammenzustellen, sondern auch rein praktisch. Dafür existieren folgende Varianten:

- Heften mit Klammern
- Heften ohne Klammern
- Tackern
- Mappen
- mehrere Dateien zu einer pdf-Datei zusammenfügen (z. B. per PDF Creator oder über smallpdf.com)
- DMS, Cloud, Online-Dienste (z. B. google Docs, organize.me, Windows OneDrive, Dropbox, Evernote)

Tipp von Kim
PDF Creator oder smallpdf.com können wirklich sehr hilfreich sein – merke sie Dir auch für das Zusammenstellen der Bewerbungsunterlagen. Bald ist es soweit!

Die Ablage

Sortierung • Ablagetechnik

Alles in Ordnung

Wer Ordnung hält, muss nicht suchen. Alles ist an seinem Platz verstaut und schnell auffindbar. Dieser Grundsatz gilt insbesondere für die Ablage, da Mitarbeiter/Mitarbeiterinnen ihre Zeit nicht mit dem Suchen von Unterlagen oder Dateien verschwenden sollen. Die Ablage erfolgt in Papierform oder mithilfe elektronischer Datenverarbeitung (= EDV). Die Sortierung ist nach unterschiedlichen Kriterien eingeteilt, grundsätzlich sind Doppelerfassungen zu vermeiden.

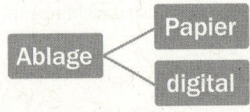

- Sortierung nach Themen = sachlogisch
- Sortierung nach Buchstaben = alphabetisch
- Sortierung nach Aktualität = chronologisch
- Sortierung nach Zahlen = numerisch
- Sortierung nach Buchstaben und Zahlen = alphanumerisch

Alles eine Frage der Technik: Je nach Zweck und anfallender Dokumentenmenge bei der Papierverwaltung, fällt die Entscheidung für eine bestimmte Art der Ablage:

Flachablage:	Schnellhefter, Jurismappen, Aktendeckel
Steilablage:	Hängehefter/Pendelhefter, Hängeordner/Pendelordner
Stehablage:	Stehsammler, Ordner, Katalogsammler

Für die Ablage noch zu bearbeitender Schriftstücke am Arbeitsplatz eignen sich Ablagekörbe oder Schubladenelemente.

Am Computer muss ebenso eine übersichtliche Ordnerstruktur in Ober- und Unterkategorien her. In diese sind die einzelnen Dateien abzulegen. Wichtige Ordner haben ihren Platz oben in der Ansichtsliste, weniger wichtige darunter. Ein Dateiname ist nach einem eindeutigen und nachvollziehbaren Schema zu wählen.

Tipp von Erkan

Merk Dir 5 Begriffe:

Kaufmännische Heftung: Das zuletzt empfangene Schriftstück liegt obenauf.

Behördenheftung: Das zuletzt empfangene Schriftstück liegt unten.

zentrale Registratur: → von einer Stelle

dezentrale Registratur: → von mindestens zwei Stellen aus

Dokumentenmanagementsystem (DMS): → Verwaltung digitaler und digitalisierter Dokumente zur Senkung der Kosten und zur Zeitersparnis

Gestaltung
Grafiken • Tabellen • Diagramme

3. Terminkoordination und Korrespondenzbearbeitung
3.3 Informationen und Dokumente zusammenstellen

Alles, was anfällt

Informationen und Arbeitsergebnisse, die das Sekretariat bereitstellen muss, können ganz unterschiedlicher Art sein. Hier schnürt der Sekretär/die Sekretärin aus sämtlichen Unterlagen und Schriftstücken übersichtliche Info-Bündel, die für den Vorgesetzten oder Geschäftsführer von Bedeutung sind. Hinein kommen Post, E-Mails, Arbeitsergebnisse und Zahlen aus den einzelnen Abteilungen, sonstige interne Nachrichten oder auch gut recherchierte Informationen zu bestimmten Themen – termingerechte Auslieferung versteht sich von selbst.

Sekretäre/Sekretärinnen sortieren die eintreffenden Informationen und arbeiten sie auf, bevor sie diese bündeln und weiterreichen. Manchmal tritt auch der Fall ein, dass Infoblätter selber zu erstellen sind. Jetzt kommt die Gestaltung ins Spiel. In selbst erstellten **Grafiken**, **Tabellen** und **Diagrammen** lassen sich Inhalte wunderbar visualisieren. Meistens wird dafür Word (in Word SmartArt, Tabelle und Diagramm), PowerPoint oder Excel verwendet. Anna verwendet gerne Excel, Erkan schwört dagegen auf PowerPoint.

Die wichtigsten Excel-Formeln lauten:
- Addition (plus): =D2+B4
- Subtraktion (minus): =B2−C3
- Multiplikation (mal): =D2*F3
- Division (geteilt): =F3/F4
- Summe: =SUMME(C3:C8)

(Für diese Erläuterung wurden Beispielzellen wie D2, B4 etc. eingesetzt.)

Zur Gestaltung eines Diagramms gehören folgende Punkte:
- Titel
- Legende
- Beschriftung
- Skalierung
- Layout
- Diagrammfläche

ÜBUNG

ÜBUNG 13   Säulendiagramm

Die Firma Bussberg Büromöbel GmbH investiert jährlich ca. 30.000 Euro in Werbung. Erkan soll die monatlichen Ausgaben in einem Säulendiagramm veranschaulichen. Wie würdest **Du** diese Aufgabe mit Excel umsetzen?

Die Zahlen:

Januar	855,15 Euro
Februar	1.478,65 Euro
März	3.889,00 Euro
April	420,00 Euro
Mai	2.099,00 Euro
Juni	6.411,00 Euro
Juli	120,00 Euro
August	1.470,60 Euro
September	420,00 Euro
Oktober	913,56 Euro
November	6.380,50 Euro
Dezember	4.770,89 Euro

Gestaltung
Arbeiten mit PowerPoint • ÜBUNG

Alles, was auffällt

Der erste Eindruck zählt! **PowerPoint** ist sehr gut geeignet, um Grafiken und Schaubilder zu gestalten und später bei einer Präsentation auf eine Leinwand zu projizieren. Bei der Arbeit mit diesem Programm müssen einige Regeln eingehalten werden:

- auf Übersichtlichkeit achten
- pro Folie jeweils nur ein kleines Info-Paket
- Folien nicht überladen oder wirr gestalten
- nicht zu viele unterschiedliche Farben verwenden
- eine gut lesbare Schriftgröße wählen
- Folien einheitlich gestalten
- Folien-Nummern vergeben, um Rückfragen zu erleichtern

ÜBUNG 14   Grafiken erstellen mit PowerPoint

Die Bussberg Büromöbel GmbH hat den neuen Bürostuhl *Workness GO3* entwickelt, der mit einem innovativen „Wackeleffekt" ausgestattet ist und damit aktuellen wissenschaftlichen Erkenntnissen entspricht, dass „still sitzen" das kreative Denken bremsen kann. Erkan soll eine Prozesskette für das Produkt in PowerPoint grafisch darstellen.

Die Prozesskette soll 3 Schritte darstellen:

Schritt 1: Analyse: beweglich sitzen, Bedarfsanalyse
Schritt 2: Produktion: Design + Funktionalität, Qualitätssicherung
Schritt 3: Vertrieb: Marketing, Kundenzufriedenheit

Mache auch einen Lösungsvorschlag!

3. Terminkoordination und Korrespondenzbearbeitung
3.3 Informationen und Dokumente zusammenstellen

Gestaltung

Beamer • Tageslichtprojektor • Flipchart • Notebook • Infografiken

Bilder sprechen lassen

Wenn Medien als Informationsträger zur Veranschaulichung eingesetzt werden, sind immer die **Vor- und Nachteile** abzuwägen. Gehörtes und Gelesenes behält das Publikum grundsätzlich besser, zu viel Material wiederum erschlägt die Gäste.

Gut gewählte Medien unterstreichen die Kompetenz des Referenten, während eine falsche Auswahl das Gegenteil bewirkt. Deshalb sollten die jeweiligen Vor- und Nachteile bekannt sein. Zu den Vorteilen zählt alles, was zu einer guten Stimmung während des Vortrags beiträgt, zu den Nachteilen alles, was die Schwingungen zwischen Vortragendem und Publikum stört.

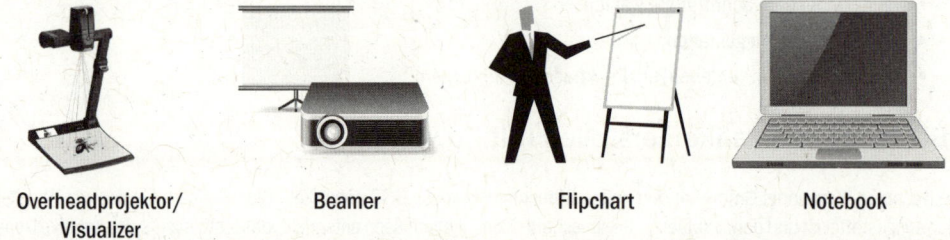

Overheadprojektor/Visualizer   Beamer   Flipchart   Notebook

Tipp von Anna
Für viele Programme sind auf YouTube kurze How-to-Videos zu finden. Schau einmal rein, denn mit einer kurzen Anleitung ist es kinderleicht, die Tools zu bedienen.

INFO
Es lohnt sich, neben Word und Excel einige andere leicht zu bedienende interaktive Tools auszuprobieren, um schicke **Infografiken** zu produzieren:

- Gliffy (www.gliffy.com)
- StatSilk (auch Karten; www.statsilk.com)
- Visually (www.visual.ly)
- Infogram (www.infogram.com)
- easelly (www.easel.ly)
- PiktoChart (www.piktochart.com)
- Chartel (www.chartle.de)

Gestaltung
Vor- und Nachteile

3. Terminkoordination und Korrespondenzbearbeitung
3.3 Informationen und Dokumente zusammenstellen

	Einsatzbereich	Vorteile	Nachteile
Beamer	• Multimedial (z. B. Grafiken, Präsentationen, Videos, ...) • für PowerPoint-Präsentationen einsetzbar (spart das Ausdrucken von Folien) • gut mit Flipchart, Metaplanwand u. a. kombinierbar	• leicht zu transportieren • ausreichend großes Bild auch für viele Zuschauer • kein Folien-Salat • bringt eine gute Dynamik	• Lichtprobleme • kostspielige Anschaffung • Projektion benötig eine weiße Fläche • Risiko technischer Störungen
Flipchart	• sowohl vorbereitet als auch spontan einsetzbar • gut mit dem Beamer zu kombinieren	• leichter Transport; einfache Handhabung • kein Aufwand für Vorbereitung • kein Risiko technischer Pannen • Gesagtes wird augenblicklich untermauert; Möglichkeit zur Interaktion	• Risiko zu geringer Seitenanzahl • unleserliche Schrift des Referenten • Wackeln • Verlust des Blickkontakts während des Schreibens
Overheadprojektor/ Visualizer	• zum Einstieg oder zur Zusammenfassung gut geeignet	• Referent ist dem Publikum zugewandt • Redner kann Passagen, die er erst später ansprechen möchte, abdecken • Folien sind schnell produziert	• muss vorhanden sein • problematisch bei sehr hellen Räumen • beschriftete Folien können leicht verwischen
Notebook	• Multimedial: Bild, Video, Ton und mit Beamer einsetzbar	• Wiedergabe von Filmen und Musik • Abspielen von DVDs und CDs, Diashow	• kleiner Monitor • Kompatibilitätsprobleme • fremde Nutzer können Probleme mit der Benutzeroberfläche haben

Tipp von Kim

In Deinem Report musst Du Lösungsmöglichkeiten abwägen oder Vor- und Nachteile der eingesetzten Arbeitsmaterialien nennen. Wenn Dein Report zum Beispiel von der Organisation einer Veranstaltung oder Schulung handelt, kommt darin vor, welche Präsentationstechnik eingesetzt wurde.

Begründe die Entscheidung und nenne die Vorteile dieses Mediums. Beschreibe auch, warum die anderen nicht so optimal geeignet waren.

- 3. Terminkoordination und Korrespondenzbearbeitung
- 3.4 Über Dringlichkeit der Informationen entscheiden

Weiterleitung
Die richtige Entscheidung treffen

Weiter geht's!

Nun kommt das Allerwichtigste: Die Entscheidung über die Weiterleitung aller Informationen und Dokumente, die im Sekretariat oder bei der Assistenzstelle eingehen! Die absolut unwichtigen Dinge möchte der Chef gar nicht erst erhalten.

Dringend oder nicht? Weiterleiten oder nicht? Das sind die zwei entscheidenden Fragen im Umgang mit Informationen.

Es geht immer wieder darum, Wichtiges von Unwichtigem zu unterscheiden, damit:

1. die **richtigen** Informationen
2. zur **richtigen** Zeit

im richtigen Bündel landen und wirklich Unwichtiges sofort im Papierkorb verschwindet. Die Zeitfresser werden so direkt ausgemustert und der Chef kann sich auf das Wesentliche konzentrieren. Bei der Sortierung helfen auch die ABC- und die Eisenhower-Methode.

Tipp von Lara

Wir können davon ausgehen, dass die Fachaufgaben, die uns in der Prüfung erwarten, sehr komplex sind. Das bedeutet, wir müssen dann mehr als das Frage-Antwort-Prinzip drauf haben. Entweder wir sprechen über unseren eigenen Report oder über Fallbeispiele, die wir an mehreren Stellen knacken müssen – genauso wie es die Herausforderungen im betrieblichen Alltag erfordern.

Dringlichkeit & Priorität
Informationen mit der ABC-Methode richtig priorisieren

3. Terminkoordination und Korrespondenzbearbeitung
3.4 Über Dringlichkeit der Informationen entscheiden

Entscheiden nach der **ABC-Methode**: Die für den Vorgesetzten wichtigen Informationen werden in die Kategorien eingeteilt, ordentlich zusammengestellt und weitergeleitet.

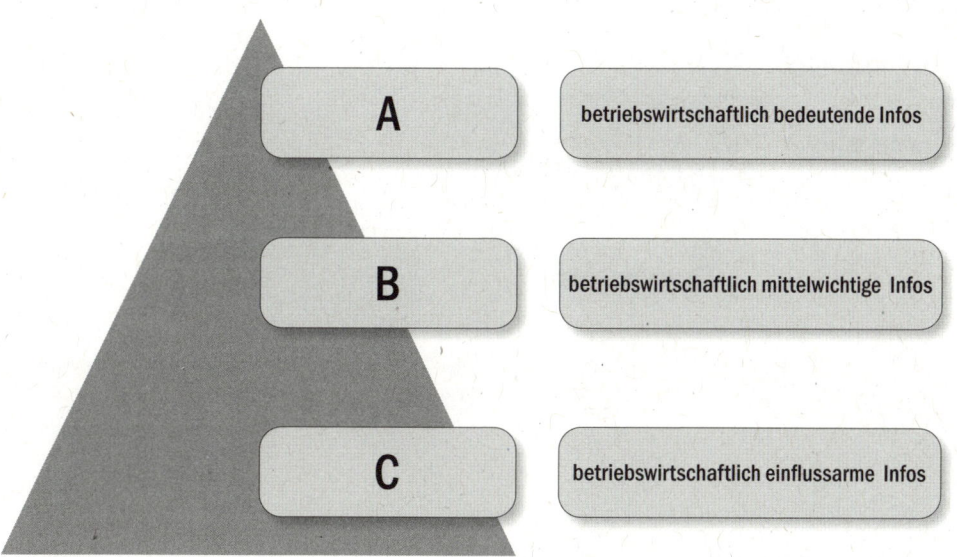

A — betriebswirtschaftlich bedeutende Infos

B — betriebswirtschaftlich mittelwichtige Infos

C — betriebswirtschaftlich einflussarme Infos

Dringlichkeit & Priorität
Eisenhower-Methode

Nach der **Eisenhower-Methode** sind Informationen in folgender Reihenfolge zu sortieren:

1. zuerst Dringendes UND Wichtiges bearbeiten bzw. an den Vorgesetzten weiterleiten

2. als zweites Wichtiges, aber nicht Dringendes bearbeiten bzw. dem Vorgesetzten vorlegen

3. als drittes Dringendes, aber nicht Wichtiges möglichst delegieren

4. zuletzt bearbeiten – oder direkt in den Papierkorb werfen

Wohin damit? Aufräumen nach dem Eisenhower-Prinzip

Wenn sich auf dem Schreibtisch die Papiere türmen, ist es an der Zeit, die Stapel abzubauen. Lara geht nach der Eisenhower-Methode vor. Sie bildet vier Packen und ordnet diese in folgende Quadranten:

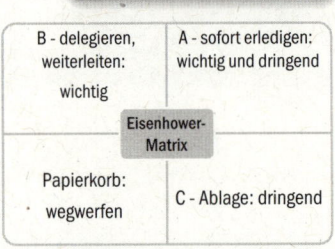

B - delegieren, weiterleiten: wichtig	A - sofort erledigen: wichtig und dringend
Papierkorb: wegwerfen	C - Ablage: dringend

Eisenhower-Matrix

ÜBUNG

3. Terminkoordination und Korrespondenzbearbeitung
3.4 Über Dringlichkeit der Informationen entscheiden

ÜBUNG 15   Über Dringlichkeit der Informationen entscheiden

You got mail. In den Ausbildungsbetrieben von Jan, Lara, Anna, Erkan und Kim treffen täglich mehrere hundert E-Mails ein. Einige können sie selber bearbeiten, andere müssen sie weiterleiten, und viele können sie löschen. Heute sind unter anderem diese drei E-Mails in ihren E-Mail-Postfächern eingetroffen, und die Auszubildenden müssen anhand der ABC-Analyse eine Entscheidung fällen, was mit diesen Nachrichten passiert.

Von: vertrieb@spanplatten-online.de
An: erkan.akay@bussberg-bueromoebel.de
Betreff: Das von Ihnen dringend angeforderte Angebot

Von: office@hotelplus24.com
An: kim.tanaka@tentor.de
Betreff: Ihre Meinung ist uns wichtig!

Von: gundula.bauer@cafe-bauer.de
An: info@heitzelektro.de
Betreff: Lieferung der bestellten Heizstrahler bis zum 08.01. erbeten, Auftrag 9285-4

3. Terminkoordination und Korrespondenzbearbeitung
3.5 Geschäftskorrespondenz führen

Geschäftsbriefe
Briefaufbau • Korrespondenz unterschriftsreif vorbereiten

Briefe vorbereiten

Angebote, Rechnungen, Bestellungen, Infomaterial, Fax-Deckblätter, Reaktionen auf Beschwerden, Termin-Anfragen: Das alles gehört zur Geschäftskorrespondenz, die nach allen Regeln der DIN 5008-Kunst geschrieben und anschließend als Briefe und E-Mails zu versenden sind. Der Schriftverkehr muss normgerecht gestaltet sein und ist adressatengerecht und unterschriftsreif vorzulegen. Ein Brief beinhaltet:

- Briefkopf
- Anschriftzone
- Informationsblock
- Datum
- Betreff
- Anrede
- Textaufbau und Inhalt
- Brief-Abschluss (Grußformel, Anlagen)
- Fußzeile mit gesellschaftsrechtlichen Angaben

Tipp von Anna

Da im Prüfungskatalog die Durchführung der Korrespondenz gefordert wird, sollten wir uns darauf gefasst machen, einen Brief oder eine E-Mail unter Berücksichtigung der Norm schreiben zu können. Im Rahmen der anstehenden Fachaufgabe oder unseres betrieblichen Reports ist diese Aufgabe relativ wahrscheinlich.

INFO
Prüfung und Berufsalltag sind an dieser Stelle zwei Paar Schuhe. Während die IHK-AkA (= zentrale Aufgabenstelle für kaufmännische Abschluss- und Zwischenprüfungen) durchaus die Herausforderung bereithalten könnte, einen Brief komplett selbst zu entwerfen, stehen im Büro zahlreiche **Vorlagen** für die geschäftliche Korrespondenz zur Verfügung. In den meisten Unternehmen ist aufgrund des Corporate Designs fertiges Geschäftspapier mit Firmenlogo griffbereit.

ÜBUNG

3. **Terminkoordination und Korrespondenzbearbeitung**
3.5 Geschäftskorrespondenz führen

ÜBUNG 16   Geschäftskorrespondenz

Heitz Elektro e. K., Jans Ausbildungsbetrieb, sollte nach erfolgtem Angebot und erfolgter Auftragsbestätigung 32 Badezimmerheizkörper an die „Walder Klingenhöfe", ein Großbauprojekt in Solingen, liefern. Dort bauen die Architekten Zimmermann & Schneider mehrere luxuriöse Wohnungen. Jetzt tritt der Bauleiter in einem Fax-Schreiben vom Kaufvertrag zurück, da Heitz Elektro e. K. den Liefertermin nicht eingehalten hat und in Lieferverzug geraten ist (Hinweis: kein Fixgeschäft). Der Auszubildende Jan soll den Fall bearbeiten. Erarbeite mit ihm gemeinsam, was zu tun ist, und gestalte das Antwortschreiben. Kläre, bevor Du antwortest, folgende Fragen:

- Welche Aufgaben musst Du ausführen, um auf das Fax reagieren zu können? Erstelle dazu eine To-do-Liste.
- Welcher Punkt war für das Zustandekommen eines Kaufvertrags rechtlich ausschlaggebend?
- Ist der Rücktritt vom Kaufvertrag noch einmal abzuwenden? Heitz Elektro hat die Heizkörper noch am selben Tag erhalten und könnte nun liefern.

Gestaltung des Schreibens: mit Word

1. ein neues Dokument öffnen
2. Kopfzeile erstellen und in Arial 16pt. die Firma eingeben: Heitz Elektro e. K.
3. Datum 04.01.20..
4. unter Beachtung der Absätze nach DIN 5008 die Adresse eintragen: Zimmermann & Schneider Architekten, Auf Messersschneide 19, 42103 Wuppertal
5. aussagekräftigen Betreff einfügen
6. Adressiere den Brief an Herrn Zimmermann und antworte ihm in kaufmännischer Ausdrucksweise.
7. Fußzeile mit allen vorgeschriebenen und sinnvollen Angaben nicht vergessen
8. Speichere das Dokument unter einem sinnvollen Dateinamen und drucke es einmal aus.

Anschließend holst Du internes Feedback ein und überlegst: Wie lässt sich so eine Situation vermeiden? Du reflektierst bürowirtschaftliche Abläufe und schlägst Verbesserungen vor.

Tipp von Erkan

Liefertermin nicht eingehalten? Das ist in Deinem Ausbildungsbetrieb schon einmal vorgekommen und Du hast den Fall bearbeitet? Dann eignet er sich als Thema für Deinen Report in Assistenz und Sekretariat.

Es bildet eine komplexe berufliche Handlung ab und war keine Routineaufgabe. Du musstest Lösungsmöglichkeiten finden, flexibel reagieren und reflektieren, wie sich Lieferverzögerungen zukünftig vermeiden ließen. Außerdem musstest Du zeigen, dass Du rechtliche Rahmenbedingungen kanntest.

Absenderadresse:
Heitz Elektro e. K.
Blitzstraße 66
42651 Solingen

3. Terminkoordination und Korrespondenzbearbeitung
3.5 Geschäftskorrespondenz führen

Geschäftskorrespondenz: Das Angebot

Tätigkeiten vor der Angebotserstellung • Eigentumsvorbehalt • Zahlungsfähigkeit prüfen

Punktlandung!

Je mehr über einen Kunden und seine Wünsche in Erfahrung zu bringen ist, umso persönlicher und individueller kann seine Betreuung und die Erstellung eines Angebots ausfallen. Die Chance auf den Abschluss des Geschäfts steigt mit einem punktgenau passenden Angebot. Bereits vor der Angebotserstellung sind deshalb entscheidende Tätigkeiten abzuhaken.

Kundengespräch:	Welche Ware benötigt der Kunde?
Ansprechpartner:	An wen soll das Angebot gerichtet sein?
Auflistung der Leistung:	Was wird geliefert? (Art + Qualität der Ware, Menge + Maße + Gewicht; u.U. LV)
Kalkulation:	Wie ist der Preis für eine Leistung oder ein Leistungspaket?
Bonität:	Ist der Kunde zahlungsfähig? (interne Prüfung der Kundendaten oder externer Check)
Zahlungsbedingungen:	Wie sind die Konditionen bzgl. Skonto, Rabatt oder Zahlungsweise?
Lieferbedingungen:	Wie hoch sind die Lieferkosten und wer trägt diese, sowie das Risiko für den Transport?
Eigentumsvorbehalt:	Eigentumsrecht an der Ware bis zu vollständigen Bezahlung des Kaufpreises sichern?
Nachfragen:	Sind noch Unklarheiten mit dem Kunden zu besprechen?

Tipp von Jan

Eigentumsvorbehalt? Das lässt sich erklären:

Eine verkaufte Sache bleibt bis zur vollständigen Bezahlung Eigentum des Verkäufers.

Einfacher Eigentumsvorbehalt: Der Käufer wird Besitzer der Sache, darf diese i. d. R. aber nicht weiterverkaufen.

Verlängerter Eigentumsvorbehalt: Der Käufer darf eine Sache bereits vor der vollständigen Bezahlung weiterverkaufen, tritt die Forderungen aus dem Weiterverkauf aber an den Verkäufer ab.

INFO Zahlungsfähig? Das lässt sich prüfen:

- Höhe des Einkommens
- laufende Kredite
- Arbeitsverhältnis
- Wohnsitz
- Inkassoverfahren
- Schufa-Einträge
- Bankauskunft
- Online-Abfrage bei einer Consumer-Bank
- Informationen einer Auskunftei einholen

Geschäftskorrespondenz: Das Angebot

Bindung • verlangtes Angebot, unverlangtes Angebot • „frei Haus"

3. Terminkoordination und Korrespondenzbearbeitung
3.5 Geschäftskorrespondenz führen

Eine Bindung, die nicht ewig hält

„Guten Morgen Frau Tanaka, ich möchte auf meine telefonische Anfrage aus der vergangenen Woche zurückkommen und das Angebot, das sie mir in diesem Gespräch gemacht haben. Die fünf Stahlbehälter möchte ich nun zu den besprochenen Bedingungen bestellen." Diesen Kundenanruf erhielt Kim in ihrem Ausbildungsbetrieb Tentor Steel AG. Wie hat Kim richtig reagiert?

Sie wies den Kunden freundlich darauf hin, dass ihr Angebot nicht mehr gültig sei. Da Kim das Angebot ausschließlich in dem Telefonat eine Woche zuvor ausgesprochen hatte, galt es nur für die Dauer des Gesprächs.

In einem vis-à-vis Kundengespräch in einem Ladenlokal gilt das Angebot eines Verkäufers/einer Verkäuferin für die Dauer der Anwesenheit des Kunden/der Kundin.

Ein Angebot gilt grundsätzlich als verbindliche Willenserklärung. Ein schriftliches Angebot erlangt Gültigkeit, sobald es bei seinem Empfänger eintrifft. Auf ein Angebot hin folgt die Annahme: Antrag + Annahme = Kaufvertrag.

Kim hat für die Stahlbehälter ein neues Angebot ausgesprochen. Der Kunde akzeptierte und bestellte gleichlautend. Damit kam es schließlich doch zum Kaufvertrag.

Ein Widerruf ist nur gültig, wenn er vor oder gleichzeitig mit dem Angebot bei einem Kunden eingeht. Dies ist beispielsweise der Fall, wenn eine E-Mail vor dem per Post versendeten Angebot eingeht.

Tipp von Anna

Der Unterschied zwischen einem **verlangten Angebot** und einem **unverlangten Angebot** liegt darin, ob eine Kundenanfrage vorausgeht:

Verlangtes Angebot: Einem Angebot geht eine konkrete Anfrage eines Kunden/einer Kundin voraus, z. B. eine Anfrage über sechs Schreibtische an die Bussberg Büromöbel GmbH.

Unverlangtes Angebot: Den Angeboten gehen keine Kundenanfragen voraus, z. B. Infobriefe an bestimmte, ausgewählte Kunden/Kundinnen.

> **INFO**
> Die Handelsklausel „frei Haus" bedeutet für einen Versender die Übernahme der Kosten bis zum Bestimmungsort.

3. Terminkoordination und Korrespondenzbearbeitung
3.5 Geschäftskorrespondenz führen

Geschäftskorrespondenz: Die Rechnung
Inhalt einer Rechnung • Skonto • Schecks

Bitte schreiben Sie die Rechnung!

Die **Rechnung** beinhaltet die Forderung über das Entgelt für die erbrachte Leistung. Es ist jedoch nicht nur der Preis anzugeben, sondern weitaus mehr. Zum **Inhalt** gehören:

- vollständiger Name und Anschrift des leistenden Unternehmens und des Leistungsempfängers
- Ausstellungsdatum der Rechnung
- fortlaufende Rechnungsnummer
- Art und Zeitpunkt der Lieferung bzw. Leistung
- Nettopreis
- MwSt.
- Bruttopreis
- ggf. vereinbarte Rabatte und Skonto
- Zahlungsfrist
- Steuernummer oder Umsatzsteuer-Identifikationsnummer des Rechnungsstellers
- Bankverbindung

Tipp von Erkan

Skonto mindert immer den Rechnungs**end**preis und ist vom Rechnungsempfänger abzuziehen. Die Gewährung von Skonto ist eine Möglichkeit, den Rechnungsbetrag zügig zu erhalten, um die eigene Liquidität zu sichern.

INFO
Rechnungsbeträge treffen meist per Überweisung ein. In der Praxis kommt jedoch hin und wieder die Übergabe eines **Schecks** vor. Vorteile: bargeldlos, schnelle Abwicklung, mit der Post zu versenden. Nachteile: Weg zur Bank, Gefahr, dass der Scheck nicht gedeckt ist.

Die Scheckarten:
Inhaberscheck:	Auszahlung an den Inhaber des Schecks, übertragbar
Orderscheck:	Auszahlung nur mit Indossament = an einen bestimmten Bezugsberechtigten
Barscheck:	Auszahlung in bar an den Inhaber oder den Empfänger der Order
Verrechnungsscheck:	Auszahlung auf ein Konto

Geschäftskorrespondenz: Die Mahnung
Zahlungsverzug • Mahnwesen

Der Verzug

Der Zustand des **Zahlungsverzugs** tritt aufgrund folgender Situationen ein:

1. Ein Kunde hält einen nach dem Kalender bestimmten Termin, wie Zahlung am 20.12.2024 oder zahlbar in 10 Tagen, nicht ein. → Das Verstreichen des Zahlungstermins löst den Verzug automatisch aus.
2. Ist kein kalendermäßig bestimmter Tag festgesetzt, ist eine Mahnung auszusenden. → Das Eintreffen der Mahnung beim Kunden löst den Verzug aus.

Die **Mahnstufen**: In der Geschäftswelt hat sich ein 3-Stufen-Vorgehen etabliert. Die erste Mahnung fällt oftmals als freundliche Zahlungserinnerung in einem höflichen Ton ohne Fristsetzung aus. Die zweite Mahnung ist bestimmender formuliert, Mahnkosten und Verzugszinsen sind aufgeführt, zudem enthält sie eine Frist zur Zahlung. Sie wird in der Regel zwei Wochen nach dem ersten Schreiben verschickt. Die dritte Mahnung erfolgt wiederum zwei Wochen später. Sie enthält erneut die Gebühren sowie eine Ankündigung über die gerichtliche Einholung der Forderung.

Die Zahlungserinnerung kann folgendermaßen formuliert sein:

Sehr geehrter Herr Bergmann,

zu unserer Rechnung vom 06.12.2024 konnten wir leider bisher keinen Zahlungseingang feststellen. Sicher handelt es sich um ein Versehen. Zur Erinnerung haben wir diesem Schreiben die Rechnung als Kopie beigefügt.

Wir möchten Sie freundlich an den Ausgleich des offenen Rechnungsbetrags erinnern. Sollten Sie die Zahlung inzwischen getätigt haben, betrachten Sie dieses Schreiben als gegenstandslos.

Mit freundlichen Grüßen,

Lara Petrova

Geschäftskorrespondenz: Die Mahnung

Zahlungsverzug • Mahnwesen

Die nächste Mahnung beinhaltet meist die offenen Beträge und eine Fristsetzung. Sie kann wie folgt klingen:

Sehr geehrter Herr Bergmann,

nach unserer Zahlungserinnerung vom 21.12.2024 konnten wir bisher keinen Zahlungseingang verzeichnen.

Die offene Summe setzt sich aus folgenden Beträgen zusammen:

1.000,00 €	Warenlieferung
4,89 €	Verzugszinsen
2,50 €	Mahngebühren

Wir bitten Sie, den ausstehenden Gesamtbetrag in Höhe von 1.007,39 € bis zum 11.01.2025 zu begleichen.

Ein weiterer Verzug ist mit zusätzlichen Kosten verbunden. Sollten Sie Fragen zu unserer Rechnung haben, können wir diese jederzeit klären.

Mit freundlichen Grüßen,

Lara Petrova

INFO

Die Verzugszinsen

Der Basiszinssatz beträgt zzt. 2,27 Prozent (Stand 01/2025). Bei Verbrauchergeschäften ist der Basiszinssatz um fünf Prozentpunkte zu erhöhen, bei Handelsgeschäften liegt er neun Prozentpunkte darüber (vgl. § 288 BGB). Zudem kann im Handelsgeschäft eine Verzugspauschale von 40,00 Euro erhoben werden. Die Formel zur Berechnung der Verzugszinsen lautet:

$$\frac{\text{Betrag (brutto) € x (Basiszinssatz + Prozentpunkte) x Anzahl der Verzugstage}}{100 \times 365 \text{ (oder 366 in einem Schaltjahr)}}$$

Geschäftskorrespondenz
Corporate Identity

3. Terminkoordination und Korrespondenzbearbeitung
3.5 Geschäftskorrespondenz führen

Spieglein, Spieglein an der Wand...

Die Ausbildungsbetriebe von Jan, Lara, Erkan, Kim und Anna verwenden für ihre Geschäftskorrespondenz Briefpapier mit einem Firmenlogo und Angaben zum Unternehmen. Dies zählt zur **Corporate Identity** (= CI).

Die Firmen legen Wert auf eine unverkennbare Identität, die sich wie ein roter Faden durch sämtliche Bereiche zieht. Sie bauen dadurch ein Image auf, geben ihrer Marke eine einheitliche Basis, heben sich von der Konkurrenz ab und sind in der Wahrnehmung von außen wiedererkennbar. Zudem stärkt die CI das Miteinander der Beschäftigten.

Die CI setzt sich aus drei Komponenten zusammen: Corporate Design (= CD), Corporate Communication (= CC) und Corporate Behavior (= CB). CD betrifft einen einheitlichen Look von Visitenkarten, Internetauftritt, Firmenfahrzeugen, Flaggen, Firmenschildern und Arbeitskleidung. CC meint eine übereinstimmende Art der Kommunikation nach innen und außen, CB ein konformes Verhalten der Mitarbeiter untereinander und Kunden gegenüber.

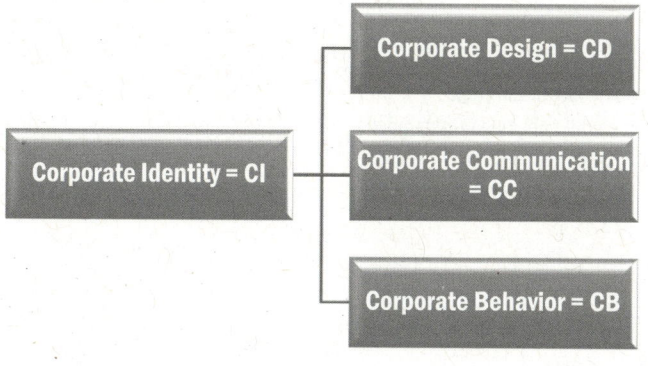

Tipp von Anna

Ein **Standardbriefumschlag** hat die Größe C6.

Merken!

3. Terminkoordination und Korrespondenzbearbeitung
3.5 Geschäftskorrespondenz führen

Die Postbearbeitung

Posteingang • Postausgang • Posteingangsstempel • Falzarten

Briefe annehmen

In großen Unternehmen ist die Poststelle der Dreh- und Angelpunkt für Briefe, Päckchen und sonstige Versandobjekte, in kleinen und mittleren Firmen geht die Post im Sekretariat ein. Ob im Kleinen oder Großen, die Abläufe für Posteingang und Postausgang sind bis ins letzte Detail geregelt. Über die Bearbeitungsschritte hinaus muss vielfältiges Zubehör bereitstehen. Anna hat eine Materialliste erstellt: Brieföffner, Posteingangsstempel, Heftklammerentferner für den Posteingang sowie Umschläge, Briefwaage, Briefmarken, Versandtaschen-Klammern, Absenderstempel, Falzmaschine, Kuvertiermaschine, Schließmaschine, Adressiermaschine und Frankiermaschine für den Postausgang.

Posteingang

1. Postannahme (Zustellung) oder Postabholung (Postfach)
2. Sortieren nach „öffnen" (Geschäftsbriefe) und „nicht öffnen" (Privatbrief, Briefe an die Geschäftsführung, Direktionsbriefe)
3. Geschäftsbriefe öffnen
4. Entnahme und Leerkontrolle
5. Kontrolle des Datums, der Anlagen und der Vollständigkeit (Vermerke machen)
6. Platzierung des Eingangsstempels neben das Anschriftfeld
7. Dokumentation, etwa in einem Postbuch oder per Eingangsstempel
8. Verteilen im Haus per Postwagen, Rohrpost, Aufzug oder Förderanlage

---

Tipp von Kim

Ein **Posteingangsstempel** druckt diese Angaben:

- Name des Unternehmens
- Datum des Posteingangs
- Uhrzeit des Eingangs
- Bearbeitungsvermerke

Urkunden, wie Verträge, Arbeitszeugnisse oder Schecks sind nicht mit einem Stempel zu versehen.

Die Postbearbeitung

Posteingang • Postausgang • Posteingangsstempel • Postvollmacht • Falzarten • Anschriftfeld

3. Terminkoordination und Korrespondenzbearbeitung
3.5 Geschäftskorrespondenz führen

Briefe versenden

Postausgang

1. Kontrolle auf Vollständigkeit der Anlagen und Unterschriftenprüfung
2. Trennen der Kopien von der Sendung
3. falten oder falzen
4. kuvertieren, manuell oder maschinell
5. adressieren, wenn die Sendung keinen Fensterbriefumschlag hat
6. schließen, von Hand oder mit einer Briefschließmaschine
7. wiegen
8. frankieren, Briefmarke oder Frankiermaschine
9. Abgabe in einer Postfiliale oder über die Poststelle, Einwurf in einen Briefkasten

```
5
4
3    Zusatz- und Vermerkzone
2
1
- - - - - - - - - - - - - - - -
1
2
3
4    Anschriftzone
5
6
```

Das **Feld für die Anschrift**: Die Adresse des Empfängers sowie weitere Angaben stehen in einem nach der DIN 5008 (zuletzt aktualisiert in 2020) genormten Feld in der Größe 45 x 85 Millimeter. Es beinhaltet elf Zeilen, die Schriftgröße von 8 Punkt ist nicht zu unterschreiten, der Zeilenabstand ist einzeilig. Zeile 5 bis 1 sind für Zusätze und Vermerke vorgesehen, weitere 6 Zeilen für die Anschrift.

Die aktuellen Portogebühren findest Du im Internet.

Tipp von Lara

Eine **Postvollmacht**...

...existiert als einfache Postvollmacht, die Unternehmen oder Behörden bemächtigt, Post in Empfang zu nehmen, und als besondere Postvollmacht, die zur Annahme von Post mit dem Vermerk „eigenhändig" berechtigt.

INFO

Falzarten mit der Maschine: Bruch- oder Einfachfalz für C5 und C6 Umschläge, Kreuzfalz für C6 Umschläge, Zickzack- oder Leporellofalz für 1/3 A4 Umschläge DIN-lang, Wickelfalz auf 1/3 A4 DIN-lang, Zickzackfalz mit Kreuzfalz auf C6 Umschläge.

4. Reise- und Veranstaltungsorganisation
4.1 Reisen organisieren

Einleitung
Geschäftsreise • Carsharing

Pack die Badehose ein?

Nein, ein Badeurlaub ist eine **Geschäftsreise** nicht. Statt einer Badehose müssen alle Reiseunterlagen und geeignete Zahlungsmittel dabei sein.

Kreditkarten und Girocards haben die meisten Menschen sowieso in der Tasche, aber wenn Sekretäre/Sekretärinnen und Assistenten/Assistentinnen eine Reise vorbereiten, kann es durchaus sein, dass sie sich um Reiseschecks oder Bargeld in einer anderen Währung kümmern müssen. Sie müssen an zahlreiche die Reise betreffende Details denken (Checkliste siehe nächste Seite).

- Währung
- Anreise
- Unterkunft
- Anlass
- Reiseunterlagen

Ein zusätzliches Glied in der Planungskette ist die Mobilität vor Ort. Für die Fahrten mit einem Taxi, dem Bus oder der U-Bahn müssen keine Vorkehrungen getroffen werden. Ist jedoch vorgesehen, am Zielort am **Carsharing** teilzunehmen, spart es Zeit, bereits vorab die Anmeldung bei einem passenden Anbieter durchzuführen und den Chef die entsprechende App auf seinem Smartphone installieren zu lassen. Anbieter sind zum Beispiel Cambio oder car2go. Das Gleiche gilt natürlich auch für Leihwagenanbieter wie z. B. Europcar, Buchbinder, Alamo, ...

Tipp von Anna

Ich musste in meiner Ausbildung einmal eine Produktpräsentation organisieren. Darüber habe ich den Report geschrieben. Ich habe erklärt, wie ich die Veranstaltung geplant und durchgeführt habe und konnte am Ende eine Bewertung abgeben. Damit habe ich eine komplexe Aufgabe beschrieben, die meine berufliche Handlungsfähigkeit unter Beweis stellte. (siehe Fallbeispiel Seite 110)

Wenn Du auch einmal einen Event organisieren musstest, schnapp Dir das Thema für Deinen Report. Es ist ideal geeignet!

INFO
Notfallplan! Papierunterlagen sollten immer eingescannt werden, um sie anschließend an einem Ort abzulegen, auf den auch von unterwegs aus Zugriff besteht – auch digitale Reisedokumente liegen dort in Kopie. Zum Einscannen der Reisedokumente existieren auch praktische Apps.

Planung
Währung • Anreise • Hotelbuchung

4. Reise- und Veranstaltungsorganisation
4.1 Reisen organisieren

Pack das Ticket ein?

Nicht immer! Bei vielen Fluggesellschaften und Reise-Unternehmen fällt die Zettelwirtschaft mittlerweile weg. Der Reisende – oder sein Assistent/seine Assistentin – bucht online und checkt online ein. Die Veranstalter speichern die Buchung und der Passagier oder Reisegast muss oftmals nur seinen gültigen Ausweis dabei haben.

Die papierlose Fahrschein-Variante bei der Deutschen Bahn ist das Handy-Ticket. Bei den meisten Hotels und Hotelketten sind ebenfalls Online-Reservierungen möglich. Aber Achtung: Am Telefon lässt sich immer noch über den Preis, Upgrades oder kostenlose Zusatzleistungen verhandeln.

Checkliste
- Wo geht die Reise hin?
- Wann geht es los?
- Für wie lange?
- Wer fährt mit?
- Welches Verkehrsmittel? (Flugzeug, Bahn, Fernreisebus)
- Wer wird besucht?
- Muss ein Geschenk besorgt werden?
- Müssen Sonderwünsche bei der Unterkunftsbuchung bedacht werden, z. B. Allergien?
- Sind alle Reiseunterlagen da und zudem extern gesichert?

INFO
Speicher Deine Checkliste und verpasse ihr nach jeder Reise ein Update, so hast Du alle wichtigen Punkte beim nächsten Mal direkt zur Hand.

4. Reise- und Veranstaltungsorganisation

4.2 Veranstaltungen organisieren

Vorbereitung

Veranstaltungsarten • Checkliste

Arten der Veranstaltungen

Bei der Veranstaltungsorganisation geht es – leider – nicht um ein Rockkonzert oder ein Reggae Festival, sondern um: **Tagungen, Konferenzen, Kongresse, Symposien, Meetings, Sitzungen, Besprechungen, Vorträge, Schulungen, Lehrgänge, Kurse, Seminare, Workshops, Produktpräsentationen** und **Kundenveranstaltungen**. Alles, was für eine Veranstaltung zu tun ist, wird bereits Monate zuvor auf eine Checkliste gesetzt und nach und nach abgearbeitet.

Fallbeispiel

Angenommen, Nett und Weber GmbH & Co. KG (Web & Network Solutions) plant eine Produktpräsentation für ein neues Softwareprodukt, und die Auszubildende Anna Lamberts soll das Planungsteam unterstützen – was muss Anna beachten? Die Eckdaten: Das Event soll im Juni 2024 in Düsseldorf außerhalb der Geschäftsräume stattfinden, und es werden 40 ausgewählte Kunden und Pressevertreter eingeladen. Geschäftsführerin Angela Nett und Softwareentwickler Markus Oldach übernehmen die Präsentation.

Die Checkliste:

- Termin festlegen
- Ort finden
- Ausstattung des Raums prüfen
- Programm ausarbeiten
- Infomaterial und Pressemappe anfordern
- Kostenplan entwerfen
- Teilnehmer einladen; Einladungen schreiben
- Einladungen verschicken
- Anmeldefrist berücksichtigen
- Referenten finden
- Abendprogramm
- Anreise und Unterbringung der Gäste
- weiterleiten, welche Mitarbeiter am Tag der Veranstaltung nicht im Haus sind (firmeninterne Information)

Fallbeispiel
Planung

4. Reise- und Veranstaltungsorganisation
4.2 Veranstaltungen organisieren

Annas Planung:

- Anna setzt sich ein persönliches Ziel: *Es sollen möglichst viele Leute kommen und am Ende von unserem neuen Produkt begeistert sein!*
- Das Planungsteam trifft sich bereits vier Monate vorher zum ersten Mal. In dieser Zeit fragt Anna verschiedene Hotels mit einem geeigneten Raum für zirka 40 Personen an. Sie beachtet dabei auch logistische Aspekte: Das Hotel muss über genügend Zimmer verfügen und Parkplätze sollten am Hotel oder in direkter Nähe sein.
- Gleichzeitig wird ein Kostenplan erstellt, der alle Ausgaben enthält: Kosten für das Tagungshotel, Portokosten, Anreisen, Übernachtungen, Abendprogramm, Parkgebühren, Namensschilder etc.
- Inzwischen hat Anna gewählt: Sie nimmt ein Pauschalpaket eines Tagungshotels, das Übernachtungen, Verpflegung, technische Ausrüstung und Schreibblöcke plus Stift beinhaltet. Anna wirft immer wieder einen Blick auf den Kostenplan, um das Budget nicht zu sprengen. Dann beginnt sie damit, die Ausstattung des Raumes zu planen.
- Als nächstes muss Anna den Termin koordinieren: Die Referenten müssen Zeit haben, und das Hotel darf nicht ausgebucht sein. Unter Berücksichtigung der Frage „Wann haben voraussichtlich die meisten Teilnehmer Zeit?" und in Absprache mit den Beteiligten wird dann der Termin festgesetzt: Der 6. Juni 2025.
- Nun zum kreativen Teil: Anna entwirft mit einer Word-Vorlage die Einladungen. Zudem setzt sie die Adressen der Empfänger auf eine Liste und bestimmt die Anmeldefrist. Bis zum 9. April sollen die Gäste zu- oder absagen. Mit Hilfe der Liste erstellt Anna als Nächstes einen Serienbrief. In die Umschläge legt sie zusätzlich zu der Einladung einen Flyer über das neue Softwareprodukt sowie eine Anfahrtsbeschreibung.
- Diesen Brief schickt Anna auch an einige Journalisten der Fachpresse, die eingeladen werden sollen.
- Wenn schließlich im April die Zahl der Teilnehmer geklärt ist, teilt Anna dem Hotel die endgültige Anzahl der Gäste mit, die dort übernachten und den Event-Raum nutzen werden, damit alle mit Block, Stift, ausreichend Getränken und einem gemütlichen Bett ausgestattet sind.

4. Reise- und Veranstaltungsorganisation
4.2 Veranstaltungen organisieren

Fallbeispiel
Fortsetzung

- Ein kuscheliges Hotelbett – das klingt gut, aber Anna hat noch lange keine Pause! Die Projektplanung steigt in die Hochphase ein. Das Planungsteam trifft sich regelmäßig und bespricht Fragen wie: Halten wir den Kostenrahmen ein? Müssen wir den Zeitplan aktualisieren? Welche Werbemaßnahmen (Pressemappe, Broschüren etc.) ergreifen wir? Kündigen sich Gäste mit speziellen Bedürfnissen an, z. B. Menschen mit Behinderungen oder Allergien?
- Auch das Abendprogramm wird organisiert: Eine Panorama-Schifffahrt auf dem Rhein mit anschließendem Dinner.
- Parallel feilen Angela Nett und Markus Oldach an der Präsentation. Dabei werden Folien, zwei Flip-Charts und eine Video-Präsentation im Einsatz sein – eine wichtige Info, denn die technischen Geräte müssen am Tag der Veranstaltung verfügbar sein.
- Das Team erstellt nun einen Zeitplan für den Präsentationtag: 10:00 Uhr Begrüßung mit Snack im Vorraum, 10:30 Uhr offizielle Begrüßung durch Frau Nett, 11:00 Uhr erste Strecke der Präsentation, 12:00 Uhr Pause, 12:30 Uhr zweite Strecke, 14:00 Uhr Mittagessen, Pause, 16:00 Uhr dritte Strecke, offener Teil, 18:00 Uhr Schifffahrt, Abendessen.
- Anna kann sich gar nicht mehr alles merken. Deshalb schreibt Sie eine Checkliste, woran sie denken muss: Flyer, Pressematerial und Namensschilder. Zudem packt sie eine Notfalltasche mit: Ersatzblöcken, Ersatzstiften, doppelseitigem Klebeband, Hefter und Handyladekabel. Außerdem schweißt sie Infoblätter mit dem Text „Mobiltelefone bitte während der Veranstaltung ausschalten" in Folie ein.
- Weiterhin muss das Planungsteam sich um einen Overheadprojektor, ein Notebook, einen Beamer, eine Soundanlage, eine Leinwand und eine Präsentationskulisse kümmern. Darüber hinaus besteht noch Klärungsbedarf:
- Wo lauern Gefahren, dass etwas schief geht? Wer macht Fotos? Wer führt Protokoll?
- Dann ist der 6. Juni da. Es wird Zeit für die letzten To-dos: Mobiltelefon-Verbotsschilder von außen an den Raumtüren befestigen, Wegweiser an der Eventlocation prüfen, kontrollieren, ob im Raum alle Geräte aufgebaut und angeschlossen sind und ob die beiden Flipcharts an ihrem Platz stehen. Kaum ist das abgehakt, naht der Moment der Anreise...
- Endlich kommen die Gäste! Sie werden freundlich begrüßt, in einen netten Smalltalk verwickelt und jeder erhält ein Namensschild. Alles Weitere ist Glückssache! Am Ende wird der Tag ein voller Erfolg und alle sind begeistert.

Tipp von Anna

Wenn unser betrieblicher Report oder eine der Fachaufgaben sich darauf bezieht, eine Veranstaltung durchzuplanen, müssen wir sämtliche Einzelheiten wissen. Es macht also wirklich Sinn, so einen Ablauf einmal unter den Gesichtspunkten Planungsphase – Durchführungsphase – Kontrolle im Kopf durchzuspielen.

Denk im Report daran, keinen linearen Ablauf herunter zu spulen. Wäge Vor- und Nachteile ab, begründe deine Entscheidungen und merke zum Schluss ruhig auch an, was gut funktioniert hat und was hätte besser laufen können.

Fallbeispiel
Pannen • Leitsprüche der Lerngruppe • Protokollarten

4. Reise- und Veranstaltungsorganisation
4.2 Veranstaltungen organisieren

Wenn etwas schief geht...

Am Tag des Events kann es, trotz hervorragender Planung, drunter und drüber gehen. Diese **Leitsprüche** helfen, **Ruhe** zu bewahren.

Lara: Finde einen persönlichen Leitspruch, den Du ständig im Kopf hast. Damit motivierst Du Dich!
Wie: „Ich möchte das Publikum **begeistern**!"

Erkan: Lege ein Ziel fest, auf das Du hinarbeitest, so hältst Du durch!
Wie: „Wir werden für das neue Produkt heute zwölf Verträge abschließen."

Anna: Vertraue auf Kollegen, die Dir von den Vorbereitungen bis zum Aufräumen helfen.
Sage Dir: „Ich habe ein fleißiges, kompetentes Team, das mir den Rücken stärkt."

Kim: Erstelle einen Kostenplan und mache von Anfang an eine realistische Planung.
Denke immer: „Ich habe die Kosten im Blick und alles gut organisiert."

Jan: Sorge für ausreichend Parkplätze, einen freundlichen Empfang, saubere Toiletten und ausreichend Essen.
Du sagst Dir: „Ich habe alles getan, damit meine Gäste sich wohlfühlen."

INFO
Ein Ohr für das Wesentliche – das Protokoll

In täglichen Besprechungen oder Meetings führt oftmals ein Sekretär/eine Sekretärin oder ein Assistent/eine Assistentin Protokoll. Die gängigen Arten sind:

Wörtliches Protokoll: wortwörtliche, chronologische Widergabe eines Gesprächs, Beteiligte sind mit Namen zu nennen, hohe Beweiskraft

Ergebnisprotokoll: strukturierte Zusammenfassung der Ergebnisse (oft längerer) Sitzungen, Angabe der Teilnehmer/-innen, Unterschriften

Gedächtnisprotokoll: stellt den Verlauf eines Gesprächs dar, geringe Beweiskraft

Verlaufsprotokoll: Zusammenfassung eines Gesprächs, häufig bei Verhandlungen mit Rechtsfolgen, Namen sind zu nennen, Wiedergabe nicht wortwörtlich, jedoch in indirekter Rede → ist von den Beteiligten zu unterzeichnen und gilt als verbindlich

Kurzprotokoll: üblich in alltäglichen Sitzungen, knappe Zusammenfassung der besprochenen Punkte

Tipp von Lara

Die **Angaben** in einem Protokoll:

- Datum der Sitzung
- Beginn und Ende
- Ort oder Raum
- Namen der Teilnehmer/-innen, evtl. Gäste
- Thema des Treffens
- Name Protokollführer/-in
- Tagesordnungspunkte (in der Einzahl kurz TOP genannt)
- Ergebnisse
- Sonstiges
- bei offiziellen Protokollen, Unterschriften des Vorsitzenden der Versammlung und des Schriftführers

4. Reise- und Veranstaltungsorganisation
4.2 Veranstaltungen organisieren

Ende
Fallbeispiel – Feedback Meeting • Feedbackbogen • Fehlerkultur • ÜBUNG

Geschafft!

Die Gäste erhalten ein kleines Abschiedspräsent und reisen ab, während die Organisatoren aufräumen, Papiere sortieren, abrechnen und durchatmen. Das Planungsteam ist meistens erleichtert, wenn es vorbei ist. Dennoch, konstruktive Kritik am Ende ist kein nerviges Überbleibsel, sie gehört dazu. Für den Rückblick lässt sich ein **Feedbackbogen** erarbeiten, der zum einen bei einem Feedback Meeting besprochen wird und zum anderen an die Teilnehmer ausgehändigt werden kann.

Im Rahmen einer gesunden **Fehlerkultur** schlägt das Team nicht die Hände über dem Kopf zusammen wegen all der Dinge, die schief gegangen sind. Und es geht auch nicht darum, bestimmten Personen die Fehler zu unterstellen. Vielmehr kommt es darauf an, genau herauszufinden, wo die „Knackpunkte" waren – um diese in Zukunft zu vermeiden. Und zum Schluss der Auswertung einer Veranstaltung ist schließlich die Abrechnung zu erledigen.

> **INFO**
> Die IHK bietet häufig Intensivlehrgänge zum Thema Eventmanagement an. Mit einem Abschlusszertifikat halten die Teilnehmer eine Qualifikation in den Händen, die ihnen umfassendes Know-how bescheinigt. Wer das Thema vertiefen möchte, sollte sich diesen Lehrgang für die Zukunft merken.

Übung 17   Eine Veranstaltung organisieren

Die Tentor Steel AG plant eine externe Veranstaltung, um das neue Produktsegment „Edelstahl-Armaturen" zu vermarkten. Kim soll dieses Ereignis mitorganisieren. Erstelle eine Checkliste für Veranstaltungen. Welche Punkte sollten bei der Terminplanung beachtet werden? Welche Möglichkeiten der Protokollführung hat Kim während der Veranstaltung? Außerdem soll sie einen Feedbackbogen für die Gäste entwerfen. Welche Fragen könnte dieser beinhalten?

Dienstreise – Anfahrt
Woran zu denken ist

4. Reise- und Veranstaltungsorganisation
4.3 Unterlagen zusammenstellen

Welche Unterlagen müssen mit?

Kein Chef möchte auf eine Reise oder zu einem Seminar 20 lose Zettel mitschleppen. Deshalb gehören alle benötigten Unterlagen ordentlich sortiert in eine Mappe, so dass alles griffbereit ist. Darin enthalten sind je nach Fall:

- Reisedokumente
- Reiseinformationen: Abfahrtzeit und Abfahrtsort
- Adresse der Unterkunft, Hotel-Voucher oder Buchungsbestätigung der Unterkunft, Check-In-Zeit. (Es macht keinen Sinn, um 10:00 Uhr anzureisen, wenn das Zimmer erst um 14:00 frei ist.)
- Ablaufpläne zu den einzelnen Tagen mit allen Terminen
- Liste mit wichtigen Kontaktdaten (z. B. Unterkunft, Ansprechpartner vor Ort, Taxi vor Ort, evtl. Carsharing-App)
- Geschäftspapiere, die für die Veranstaltung, das Meeting o. ä. benötigt werden
- Einladung, Anfahrts-Beschreibung; Unterlagen für die Veranstaltung
- beim Besuch einer Messe: Messekatalog, Lageplan, Eintrittskarte, Kontaktdaten der Geschäftspartner, Ablaufplan der vereinbarten (und sinnvoll hintereinander geschalteten) Messetermine
- Stadtplan, Wissenswertes über die Stadt, Infos z. B. zur Gepäckaufbewahrung im Hotel oder am Bahnhof
- „Notfallkoffer": Ladegerät, u. U. Adapter, Kleingeld für öffentliche Verkehrsmittel, Parken, Trinkgelder, Ersatzhandy
- eine Erinnerung, am Ende an alle Quittungen für die Reisekostenabrechnung zu denken

Einige praktische Tipps: Kontrolliere auf jeden Fall vor der Abreise, ob alles vollständig ist. Am besten arbeitest Du mit einer Checkliste, auf der Du alle oben aufgeführten Punkte abhakst. Sind Reisebestätigungen, wie das Handy-Ticket der Deutschen Bahn oder die Bordkarte einer Fluggesellschaft auf einem Smartphone gespeichert, muss unbedingt darauf geachtet werden, dass das Gerät im entscheidenden Moment aufgeladen ist. Und nicht zu vergessen: Ab einem Alter von 16 Jahren ist jeder Deutsche verpflichtet, einen **gültigen** Personalausweis oder Reisepass zu besitzen. Innerhalb Deutschlands darf eine Person ohne Ausweis reisen, wer das Land verlässt, muss ihn mitnehmen.

Tipp von Kim

Denk bei der Planung einer Dienstreise ins Ausland auch an Folgendes:

- je nach Land Reisepass und/oder Visum
- u.U. zusätzliche Passfotos für ein Visum
- Impfungen, Impfpass
- Auslandsreiseversicherung
- Gepäckversicherung
- Devisen, Reiseschecks, Kreditkarte
- Führerschein
- wichtige Unterlagen einscannen und die Dateien an einem Ort speichern, auf den der Reisende im Notfall Zugriff hat
- bei Flugreisen Gepäckbeschränkungen beachten; u.U. Zusatzgepäck oder Sperrgepäck buchen
- evtl. vorab einen Flughafen-Shuttle am Zielort buchen
- Jetlag bei der der Terminplanung vor Ort beachten

→ Papiere und Unterlagen auf Vollständigkeit und Gültigkeit prüfen

4. Reise- und Veranstaltungsorganisation
4.3 Unterlagen zusammenstellen

Dienstreise – Rückfahrt
Unterbringungskosten • Verpflegungskosten • Reisekostenabrechnung • Reisenebenkosten

Welche Unterlagen müssen wieder mit zurück?

- Nachweise über die **Unterbringungskosten**, z. B. Hotelrechnungen
- alle entstandenen **Verpflegungskosten**, z. B. Restaurantbelege
- alles für die **Reisekostenabrechnung**: Quittungen, Tickets, gefahrene Kilometer
- alles, was unter **Reisenebenkosten** fällt: sonstige Fahrtkosten, wie Taxi-Quittung, Bus- und U-Bahn-Fahrscheine, Carsharing-Abrechnungen, Fahrradanmietungen, Mautgebühren, Fährfahrten, Gepäckaufbewahrung sowie mit der Fahrt verbundene Kosten wie Parktickets oder Gebühren für einen Fahrradparkplatz, zusätzlich Auslagen für geschäftsbezogene Telefonate und in Anspruch genommene WLAN-Dienste sowie für auf die Reise beschränkte Versicherungen für Gepäck oder Unfälle

An was alles gedacht werden muss! Unterlagen, die mit hin müssen, Abrechnungen, die zurück müssen, Reisetickets, Zahlungsmittel oder Veranstaltungsinformationen – eine Geschäftsreise beinhaltet zahlreiche Details. Das ist nur mit einer guten Organisation und perfektionierten Checklisten zu schaffen. Zudem existieren Reiseplaner-Tools und Apps, einige erledigen die Reisekostenabrechnung gleich mit. Manchmal ist darüber hinaus ein einfacher oder ausführlicher Reisebericht zu erstellen. Er enthält den Namen des reisenden Mitarbeiters, Ort, Datum, die Art der Reise (z. B. Kongress, Messe, PR) und das Thema. Die einfache Variante beinhaltet in Stichworten mitgebrachte Ideen oder nachfolgende ToDos. Ein ausführlicher Bericht führt besuchte Stationen oder Kunden zusätzlich einzeln in alphabetischer Reihenfolge auf. Inhalte, Ideen oder Verbesserungsvorschläge sind zu beschreiben, nachfolgende organisatorische Aktionen sind zu nennen und eine Kontaktliste ist hinzuzufügen.

INFO
Fehlen Belege, müssen Eigenbelege geschrieben werden: Sie beinhalten Ort, Tag, Art und Betrag der Aufwendung, dazu geschätzte Beträge in plausibler Höhe.

ÜBUNG

4. Reise- und Veranstaltungsorganisation
4.3 Unterlagen zusammenstellen

ÜBUNG 18   Reisekostenabrechnung

Kim muss eine Reisekostenabrechnung erstellen. Vorstandsmitglied Louis Clément Marchand war für die Tentor Steel AG auf einer Geschäftsreise und hat der Auszubildenden nun alle Belege auf den Tisch gelegt. Kim hat jetzt einiges zu tun, um die Reisekosten korrekt abzurechnen. Gehe mit Kim alle nötigen Schritte durch!

1. Ergänze anhand der untenstehenden Informationen gemeinsam mit Kim im folgenden Formular die fehlenden Angaben:

Name:	Louis Clément Marchand
E-Mail:	marchand@tentorsteel-ag.com
Zweck:	Verhandlung mit Stalhub Krantechnik GmbH, Köln
Bankverbindung:	IBAN: DE 76 4826 0003 0411 1223 33
	BIC GENODEM3BOH (Grenzlandbank Bocholt)
Personalnummer:	100 67
Abteilung:	Vorstand
Beginn der Reise:	14.12.2024
Uhrzeit:	08:30 Uhr
Ende der Reise:	16.12.2024
Uhrzeit:	21:00 Uhr
Unterbringung:	14.-16.12. Köln, Hotel am Rhein, 2 x Übernachtung à 160,00 € zzgl. 2 x Frühstück à 18,90 € – bereits durch die Tentor Steel AG bezahlt!
Fahrtkosten:	Bahn-Ticket 40,80 €
	Taxi 17,50 €
	Bahn-Ticket 40,80 €
	Taxi 16,00 €
Sonstige Verpflegungskosten:	14.12. Abendessen mit dem Geschäftspartner, Zum Fröhlichen Kölner 58,90 €, Einladung durch Hr. Marchand im Namen der Tentor Steel AG.
	Das Mittag- und Abendessen am 15.12. erfolgte auf Einladung durch die Stalhub GmbH.

> **Tipp von Kim**
>
> Mein Report-Tipp: eine Geschäftsreise organisieren! Das Thema hat alles, was Du für den Report brauchst. Du musst sie planen, die Durchführung sicherstellen und nacharbeiten, inklusive Reisekostenabrechnung. Wirtschaftliche, ökologische und rechtliche Aspekte sind zu berücksichtigen und Du bildest einen realen Geschäftsprozess ab, der für Dich eine Herausforderung war.

4. Reise- und Veranstaltungsorganisation
4.3 Unterlagen zusammenstellen

ÜBUNG
Fortsetzung

Name:	
E-Mail:	
Zweck:	
IBAN:	
BIC:	
Personalnummer:	
Abteilung:	

Rahmendaten	Datumsangaben		
Beginn der Reise	Uhrzeit		
Ende der Reise	Uhrzeit		
Kosten (bereits beglichen)	Datumsangaben	Details (z. B. 2 x à 5 €)	Beträge
Unterbringung			
Verpflegung			
Belege (noch zu zahlen)	Datumsangaben	Details (z. B. Taxi)	Beträge
Fahrtkosten			
sonstige Verpflegung			
Gesetzliche Pauschalen (Verpflegungsmehraufwand)	Datumsangaben	Kürzung lt. gesetzl. Regelung	anzurechnende Beträge
	14.12.2024		
	15.12.2024		
	16.12.2024		
			Zwischensumme
		Abzüglich der vom Unternehmen bereits übernommenen Beträge	
			Erstattung für Mitarbeiter

ÜBUNG
Fortsetzung

4. Reise- und Veranstaltungsorganisation
4.3 Unterlagen zusammenstellen

2. Bitte fülle die folgende Tabelle gemäß den Angaben in den Infokästen aus, um zu ermitteln, welche Kosten für den Verpflegungsmehraufwand Herr Marchand ansetzen darf. Übertrage die Werte bitte anschließend ebenfalls in das Formular auf der vorhergehenden Seite.

Tag	gesetzl. Pauschale €	Kürzung € lt. gesetzl. Regelung	anzurechnender Betrag €
14.12.2024 (Anreisetag)			
15.12.2024 (Aufenthaltstag)			
16.12.2024 (Abreisetag)			

3. Bitte berechne nun anhand der ermittelten Werte im Formular, in welcher Höhe Herr Marchand die Reisekosten insgesamt erstattet bekommt, und trage dieses Ergebnis in das Formular ein.

> **INFO**
>
> **Verpflegungsmehraufwand – die gesetzlichen Pauschalen**
>
> - Anreisetag: 14,00 Euro (bei einer Mindestabwesenheitszeit von 8 Stunden)
> - Zwischentag: 28,00 Euro (Für Kalendertage, an denen ein Arbeitnehmer beruflich 24 Stunden von seiner Wohnung abwesend ist, können vom Arbeitgeber 28,00 Euro steuerfrei ersetzt werden.)
> - Abreisetag: 14,00 Euro
>
> **Kürzung der Verpflegungspauschalen**
>
> nach §9 Abs. 4a Satz 8-10 EStG
>
> Wenn der Arbeitgeber (oder auf dessen Veranlassung ein Dritter) zum Essen einlädt, hat eine solche Einladung die Kürzung der Verpflegungspauschalen zur Folge:
>
> - 20 % der vollen Verpflegungspauschale (= 28 €) bei einem Frühstück = 5,60 €
> - 40 % der vollen Verpflegungspauschale (= 28 €) bei einem Mittag- oder Abendessen = 11,20 €
>
> Die gekürzten Tagespauschalen kann der Arbeitnehmer nach §9 Abs. 4a Satz 8 bis 10 EStG zusätzlich zu den vom Arbeitgeber erstatteten Kosten für seinen Verpflegungsmehraufwand geltend machen.

> **INFO**
>
> **Verpflegungsmehraufwand – Ausland**
>
> Verpflegungspauschale „für beruflich und betrieblich veranlasste Auslandsreisen" (§ 9 Absatz 4a Satz 5 ff. Einkommensteuergesetz (EStG)):
>
> Die Pauschbeträge variieren von Land zu Land. Eine ausführliche Liste stellt das Bundesfinanzministerium (BMF) auf der Internetseite als Download zur Verfügung.

Schlusswort

Fit für die Prüfung!

Jan, Lara, Anna, Erkan und Kim sind jetzt fit für die Prüfung in der Wahlqualifikation Assistenz und Sekretariat. Sie haben das vorliegende Modulheft Stück für Stück durchgearbeitet, die Übungen gemacht und sich darüber hinaus eingehend mit Word und Excel beschäftigt. Sie haben die wichtigsten Checklisten angelegt, können Daten grafisch aufarbeiten, Geschäftskorrespondenz aufsetzen, professionell kommunizieren, kleine Projekte steuern, delegieren und sich selbst reflektieren – kurz: Sie kennen sich bestens in den drei großen Themen Sekretariatsführung, Terminkoordination sowie Korrespondenzbearbeitung und Organisation von Reisen und Veranstaltungen aus. Nun fehlt ihnen nur noch die Berufserfahrung – aber die kommt von selber!

Wir haben uns gefreut, Dich ein Stück Deiner Ausbildung begleiten zu dürfen. Nun drücken wir die Daumen für die Prüfung!

Herzlichst,

Dein u-form PLUS Team

Tipps für den Report

Solltest Du für Deine mündliche Prüfung die Report-Variante gewählt haben (s. auch S. 5), gilt Folgendes:

Für jede Wahlqualifikation ist ein Report über eine durchgeführte, betriebliche Fachaufgabe abzugeben. Die Aufgabe ist passend zu der jeweiligen Wahlqualifikation auszuwählen, sonst heißt es „abgelehnt". Zeige in den Reporten, dass Du Entscheidungen treffen kannst und in der Lage bist Handlungsalternativen herauszuarbeiten sowie Prozesse planen, durchführen und bewerten können.

Folgende Schritte sind durchzugehen:

AUSGANGSSITUATION – PLANUNG – DURCHFÜHRUNG – KONTROLLE/BEWERTUNG

Ausgangssituation: In wenigen Worten ist die Ist-Situation und der Anlass für die Durchführung der betrieblichen Aufgabe darzustellen. Es ist also kurz zu sagen, worum es geht. Zudem ist das Ziel der Aufgabe zu formulieren.

Planung: Erstens: Überlegungen sind anzustellen, welche Schritte im Einzelnen zu berücksichtigen sind und was zu tun ist. Lösungsmöglichkeiten sind gegeneinander abzuwägen, Vor- und Nachteile zu nennen, die sich zum einen für das Unternehmen zum anderen für den Kunden ergeben.

Durchführung: Eine Entscheidung für einen Lösungsweg ist zu fällen und der Entschluss zu begründen. Anschließend ist die Umsetzung zu schildern und festzuhalten, ob alle Prozessschritte nach Plan verlaufen sind.

Rahmenbedingungen: Rechtliche Grundlagen und weitere Kriterien, Umweltaspekte in etwa, sind anzugeben. Es gilt abzuwägen und zu prüfen, ob die Aufgabe machbar ist. Darüber hinaus sind beteiligte Personen, mit denen eine Abstimmung notwendig ist, vorzustellen. Vorausschauend denken und die Konsequenzen der einzelnen Handlungen vor Augen haben – darauf kommt es an.

Kontrolle/Bewertung: Ist das Ziel erreicht? Zum Abschluss erfolgt eine Einschätzung, ob die Aufgabe noch einmal genau so zu bearbeiten wäre oder ob sich einzelne Punkte in Zukunft verbessern lassen, etwa die Zeitplanung oder die Kommunikation. Aufgetretene Probleme sind einzuordnen und Vorschläge für Verbesserungen zu machen.

Tipp von Jan
Die Prüfung

Ich treffe mich regelmäßig mit Lara, Anna, Erkan und Kim. Wir überlegen, welche durchgeführten, betrieblichen Fachaufgaben für die Reporte geeignet sind, welche Aufgaben uns in der klassischen Variante erwarten könnten und fragen uns gegenseitig mögliche Prüfungsinhalte ab. So simulieren wir das Prüfungsgespräch und werden immer sicherer.

Such Dir ebenso einige Mitschüler, um gemeinsam zu lernen. Du gewinnst an Sicherheit und Prüfungsangst hat keine Chance!

Abkürzungsverzeichnis

bzgl.	bezüglich	u. U.	unter Umständen
bzw.	beziehungsweise	vgl.	vergleiche
d. h.	das heißt	WQ	Wahlqualifikation
etc.	et cetera („und so weiter")	z. B.	zum Beispiel
usw.	und so weiter	zzgl.	zuzüglich

Fremdwörterlexikon

abstrakt	rein begrifflich; nicht gegenständlich
Addition	Hinzuzählen
analog	entsprechend; vergleichbar
Akronym	aus den Anfangsbuchstaben mehrerer Wörter gebildetes Wort
Analyse	Untersuchung der Bestandteile
Appell	Aufforderung
autoritär	Gehorsam fordernd
Axiom	gültiger Grundsatz
Carsharing	Auto teilen
Checkliste	Fragenkatalog
deduktiv	schlussfolgernd aufgrund von Erfahrungen
delegieren	abgeben; weiterleiten

Anhang

Dialog	abwechselnd geführter Austausch an Informationen
digital	von elektronischen Geräten dargestellt
Disziplin	eigenkontrolliertes Verhalten auf ein Ziel hin
Division	Teilung einer Zahl durch eine andere Zahl
effektiv	wirkungsvoll
effizient	wirtschaftlich
eloquent	sprachlich gewandt; wortreich
extern	außen
Flexibilität	Anpassungsfähigkeit; Biegsamkeit
Hierarchie	Rangfolge
horizontal	waagerecht
individuell	einzigartig; auf eine einzelne Person bezogen
intern	innen
Kadenzen	Abfallen der Stimme
Kategorisierung	Einteilung
kognitiv	auf Erkenntnis beruhend (durch Wahrnehmung, lernen, erinnern und denken)
Kommunikation	Verständigung
Kompetenz	Fähigkeit
komplementär	den/das andere/n ergänzend
komplex	umfangreich; vielschichtig
kooperativ	zweckgerichtete, gemeinsame, wechselseitige Handlung; „auf Augenhöhe"
kreieren	entwickeln; erschaffen; schöpfen; erstellen

Laissez-faire	laufen lassen; auf Vorgaben verzichten
managen	leiten; bewerkstelligen; den Überblick haben
Mindmapping	Gedächtniskarte
Modalität	Art und Weise
Motivation	innerer Antrieb
Multiplikation	Vervielfachung (einer Zahl)
Optimierung	Verbesserung
paraphrasieren	anders ausdrücken; mit anderen Worten beschreiben
paraverbal	Stimmeigenschaften und Sprechverhalten betreffend
pari	zu gleichen Teilen; zu gleichem Wert
Priorität	Dringendes und Wichtiges
Psychologie	Lehre bzw. Wissenschaft des bewussten und unbewussten Verhaltens und Erlebens
Reaktanz	Abwehrhaltung aufgrund von Drohungen, Druck oder Freiheitsbeschränkung
Realität	Wirklichkeit
Recherche	Nachforschung
reflektieren	über etwas nachdenken oder Wellen, Strahlen zurückwerfen
Reflexion	überprüfendes Nachdenken oder Rückstrahlung
relativ	verhältnismäßig
relevant	wichtig
Ressourcen	Quelle; Mittel
Statistik	Wissenschaft der zahlenmäßigen Erfassung
Subtraktion	Abziehen

symmetrisch	durch sich selbst abgebildet; „gespiegelt"
Synonymie	Bedeutungs-, Sinn-, oder Verwendungsgleichheit
Todo	zu erledigende Aufgaben
verbal	Mitteilung durch Wörter
vertikal	senkrecht
visuell	mit den Augen wahrnehmend
weekly review	wöchentlicher Rückblick
Work-Life-Balance	Gleichgewicht zwischen Arbeits- und Berufsleben

Bildnachweis

© abc 2012 – Fotolia.com   S. 92 (Notebook)
© Taras Livyy – Fotolia.com   S. 92 (Beamer)
© momius – Fotolia.com   S. 109
Schaubildgestaltung: Autorin, u-form Verlag

Lösungen

Lösungen

Lösungsvorschlag zu ÜBUNG 1 — Organigramm

Das vorliegende Organigramm schlägt Erkan für seinen Ausbildungsbetrieb, die Bussberg Büromöbel GmbH, vor. Folgende Stellen hat er berücksichtigt:

Geschäftsführung (Walter Bussberg)
Zwischenstelle **Sekretariat** (Frau Özen)
Unterstellen:
Einkauf (Leitung Herr Wang) → darunter **Lager**
Vertrieb (Leitung Herr Boltenberg) → darunter **Niederlassung** → darunter **Onlineshop**
Produktion (Leitung Herr Nowak) → darunter **Fertigung** sowie **Montage**
Kaufmännische Leitung (Frau Marino) → darunter **Rechnungswesen** (Frau Müller) sowie **allgemeine Verwaltung** (Herr Dominguez)

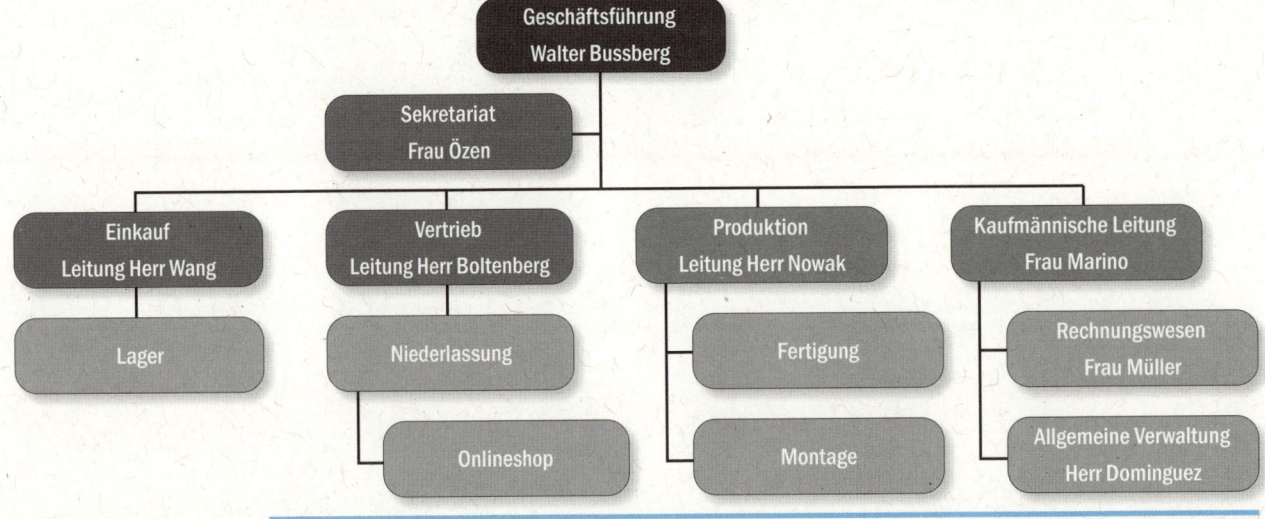

Lösungsvorschlag zu ÜBUNG 1 — Organigramm — *Fortsetzung* — Lösungen

Das hier vorliegende Beispiel ist eine Musterlösung. Das Organigramm, das Du in dieser Übung eigenständig erstellt hast, kannst Du vielleicht von Deinem Ausbildungsleiter überprüfen lassen.

Musterlösung Text:

Die Organisationsstruktur der Bussberg Büromöbel GmbH kann als Einliniensystem dargestellt werden. Das ist eine relativ typische Aufbauorganisation für kleine und mittlere Unternehmen. Die Strukturen sind in dieser Form klar definiert und die Hierarchie regelt eindeutig, wer wem unterstellt und wer wofür zuständig ist. Die Zuordnung erfolgt nach Betriebsfunktionen und jede Stelle ist nur einer Instanz untergeordnet.

Bei Bussberg ist Walter Bussberg der alleinige Geschäftsführer. Im Sekretariat arbeitet Frau Özen. Der Geschäftsführung sind die Abteilungen Einkauf, Leitung Herr Wang, Vertrieb, Leitung Herr Boltenberg, Produktion, Leitung Herr Nowak und der kaufmännische Bereich, Leitung Frau Marino, unterstellt. Die Produktion ist aufgeteilt in Fertigung und Montage. Der kaufmännische Bereich setzt sich aus Rechnungswesen, Frau Müller, und allgemeiner Verwaltung, Herr Dominguez, zusammen. Herr Boltenberg ist als Vertriebsleiter für die Niederlassung, die auch den Onlineshop des Unternehmens verwaltet, verantwortlich.

Als GmbH ist die Bussberg Büromöbel GmbH eine Kapitalgesellschaft mit beschränkter Haftung. Walter Bussberg musste ein Stammkapital in Höhe von 25.000 Euro hinterlegen. Die Gründung konnte er als Einzelperson vornehmen. Im Allgemeinen kann eine GmbH von einer juristischen oder natürlichen Person gegründet werden. Sie hat mindestens einen Geschäftsführer, das heißt sie kann einen, aber auch mehrere haben. Bei der Haftung geht es immer um den Ernstfall: Was passiert im Fall einer Insolvenz? Bei einer GmbH bleibt das Privatvermögen von Walter Bussberg unangetastet, da die GmbH nur mit dem Gesellschaftsvermögen haftet.

Mögliche Bankbürgschaften sind davon jedoch unberührt. Hat Walter Bussberg bei einer Bank beispielsweise für 100.000 Euro gebürgt, haftet er für diese Summe voll und ganz.

© u-form Verlag – Kopieren verboten!

Lösungsvorschlag zu ÜBUNG 2 — Prozesskette

Die Aufgabe, eine Prozesskette zu erstellen, kann auf verschiedenen Gebieten immer wieder auftauchen. Mit ihr kann eine Abfolge, also der Vorgang, wenn Dinge **nacheinander** geschehen, dargestellt werden, immer ein Schritt nach dem anderen. Das Beispiel Gruppenbildungsprozess sieht so aus:

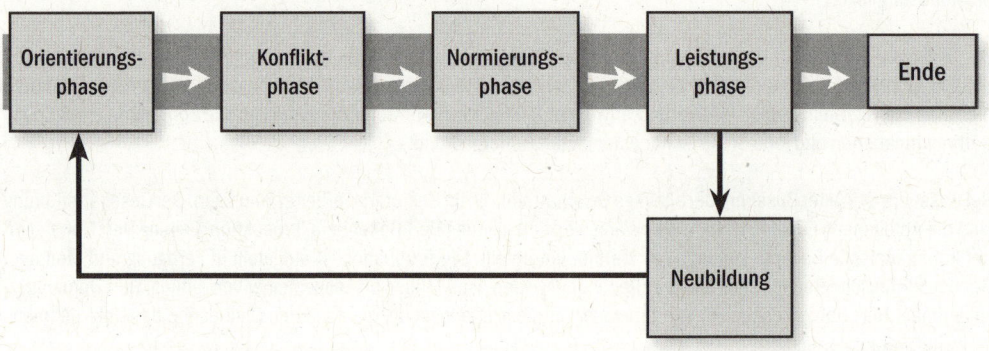

Lösungsvorschlag zu ÜBUNG 3 — To-do-Liste

Lösungen

Die Buchstaben sind in der Reihenfolge C – D – A – B zu vergeben.

C	D	A	B
mit dem Ausbildungsleiter die betriebliche Gestaltung der Wahlqualifikationen besprechen	Werbe-E-Mails aus dem Posteingangsfach löschen	die dringend benötigte Präsentation auf einen USB-Stick speichern und bis 10:00 bei Frau Nett abliefern	Angebot über Softwarelösungen ändern, da der Kunde eine Position gestrichen hat

Lösungsvorschlag zu ÜBUNG 4 — Selbstmanagement

Erstelle eine Eisenhower-Matrix und ordne die folgenden Handlungen einem Quadranten zu:

A:
- b Feuer = Rettung ist dringend und wichtig
- c Einhaltung des Montagetermins, um Konventionalstrafe zu vermeiden = dringend und wichtig
- f Bankgespräch zur Erhaltung der Liquidität = dringend und wichtig
- g E-Mails zu Reklamationen beantworten = dringend und wichtig
- n Krisengespräch zu einem Projekt = dringend und wichtig

A oder B:
- i Beschwerdebrief an einen Lieferanten bzgl. Lieferverzug = wichtig, aber weniger dringend

B:
- e Work-Life-Balance = wichtig, aber nicht dringend (kann auch C sein)
- h Im Internet nach einem Tagungshotel suchen = wichtig, aber nicht dringend
- m Checkliste für eine spätere Geschäftsreise erstellen = wichtig, aber nicht so dringend
- o Weiterbildungsseminar = wichtig, aber nicht dringend

C:
- a elektronischen Terminkalender pflegen = dringend, aber weniger wichtig
- l Einladung zur Spendengala = dringend, aber nicht wichtig

D:
- d Werbe-E-Mails = nicht dringend, nicht wichtig; landen direkt in „Gelöschte Objekte"
- j im Internet nach einem Hotel für einen Badeurlaub suchen = nicht dringend, nicht wichtig (zudem privat)
- k Der Smalltalk mit dem Mitarbeiter der Wartungsfirma für die Büromaschinen über die neuesten Smartphones zählt als Zeitfresser = nicht dringend und nicht wichtig.

Lösungsvorschlag zu ÜBUNG 5 — Gesprächsnotiz

Gesprächsnotiz von Lara Petrova, Auszubildende

Von: Hr. Boltenberg, Vertriebsleitung Bussberg Büromöbel GmbH

An: Frau Eulen

Datum: 08.05.2025   Uhrzeit: 09:30 Uhr

- Besprechung für die Möbelmesse bzgl. der Werbemaßnahmen
- Bitte heute noch zurückrufen!
- Nr: 0221-8000111

Lösungen

Lösungsvorschlag zu ÜBUNG 6 — Kundenfreundliche Kommunikation

Die Alternativen könnten folgendermaßen lauten:

Der Saugroboter ist längst ausverkauft. Tut mir leid, wer zu spät kommt, den bestraft das Leben.	Dieses Modell war ein Auslaufmodell und ist jetzt leider nicht mehr verfügbar. Ich kann Ihnen das Nachfolgemodell anbieten.
Dafür bin ich nicht zuständig.	Einen Moment, ich verbinde Sie mit einem unserer Fachverkäufer.
Da müssen Sie zu uns ins Geschäft kommen, am Telefon kann ich Ihnen nicht helfen.	Ich freue mich, dass Sie uns anrufen und Interesse an unseren Produkten haben. Wenn Sie uns besuchen, kann ich Ihnen die Geräte auch zeigen und direkt erklären.

ÜBUNG 8 — Anwenden einer Fremdsprache

Erkan:	Bussberg Büromöbel, Erkan Akay speaking. How can I help you?
N. Kowalski:	Hello, this is Natalia Kowalski from Pawelwood. Mr. Drewno wants to speak to Mr. Bussberg. Can you put us through?
Erkan:	Of course. Please hold the line. I will connect you. (Pause) I am afraid, Mr. Bussberg is not available at the moment. Can someone else help you?
N. Kowalski:	I'm sorry, Mr. Drewno would like to contact Mr. Bussberg personally.
Erkan:	Would you like to leave a message?
N. Kowalski:	No, I won't.
Erkan:	Would you like to call back or would you like Mr. Bussberg to call back?
N. Kowalski:	I would like Mr. Bussberg to call back.
Erkan:	Could you please repeat your name and may I have your telephone number, please?
N. Kowalski:	My name is Kowalski and our manager is called Mr. Drewno. Our number is 0048 999 646464.
Erkan:	Thank you. Have a nice day. Goodbye.
N. Kowalski:	Goodbye.

Lösungen

Lösungsvorschlag zu ÜBUNG 8 Konflikte

Lara nutzt den freien Platz am Ende des Manager-Feedbackbogens, um ihr Anliegen zu formulieren. Sie beachtet dabei die Feedback-Regeln: Sie bleibt sachlich, bezieht sich auf konkrete Situationen, ist konstruktiv, indem sie Alternativen vorschlägt, wendet die Sandwich-Methode an und beschreibt ihre Gefühle auf authentische Art und Weise.

Was genau läuft schief?

Wenn der Chef sagt: „Lara, der Text für das Mailing ist ja immer noch nicht da – geht bei Ihnen eigentlich auch irgendetwas schnell?", kommt bei Lara ein Vorwurf an, in etwa: „Sie Trödelliese, Sie sind schuld, dass ich nicht weiterkomme."

„Sie lassen mich hier schon seit einer Ewigkeit warten", versteht Lara als unfaire Beschuldigung, Sie denkt: „Ich hatte den Text für das Mailing schon nach zwanzig Minuten fertig, aber er tut so, als wenn er den ganzen Tag hätte warten müssen."

Und der Satz: „Sie haben wohl nicht zugehört. Wie oft muss ich das denn noch erklären?", sagt im Grunde nichts anderes als „Lara, Sie sind zu doof."

Wie kann Lara ihr Anliegen formulieren?

Lara wählt am besten Ich-Botschaften. In etwa folgendermaßen:

„Einige Ihrer Aussagen enthalten unbewusst Vorwürfe. Das kränkt mich. Wenn Sie sagen „Lara, Sie haben wohl nicht zugehört, wie oft muss ich das denn noch erklären?", werten Sie meine Kompetenz ab. Ich wünsche mir für die Zukunft, dass Sie klare Aussagen auf der Sachebene wählen."

Weiterhin steht Lara die Sandwich-Methode zur Verfügung, Lob – Kritik – Lob.

Lob	Die Ausbildung in der Agentur Knallbunt macht mir sehr viel Freude.
Kritik	Es gibt nur eine Sache, die mich deprimiert. Einige Ihrer Aussagen sind beschuldigend, verallgemeinernd oder abwertend. Z. B. „Lara, der Text für das Mailing ist ja immer noch nicht da – geht bei Ihnen eigentlich auch irgendetwas schnell?". Oder: „Sie lassen mich hier schon seit einer Ewigkeit warten." Und „Sie haben wohl nicht zugehört. Wie oft muss ich das denn noch erklären?"
Lob	Ich schätze Sie als Chef sehr und Sie möchten mich sicher nicht absichtlich verletzen, aber solche Aussagen kränken mich, und ich wünsche mir, dass Sie in Zukunft andere Formulierungen wählen.

Lösungsvorschlag zu ÜBUNG 8   Konflikte   *Fortsetzung*   **Lösungen**

Welche Alternativen existieren für Laras Chef?

„Lara, der Text für das Mailing ist ja immer noch nicht da – geht bei Ihnen eigentlich auch irgendetwas schnell?"

Lösungsvorschlag: Ich brauche den Text sehr dringend, weil ich das Mailing unbedingt vor meinen nachfolgenden Terminen fertigstellen muss. Diese verschieben sich sonst. Wenn zukünftig Eile geboten ist, wünsche ich mir, dass Sie noch konzentrierter am Ball bleiben.

„Sie lassen mich hier schon seit einer Ewigkeit warten."

Lösungsvorschlag: Ich warte seit einer halben Stunde und kann meine Aufgaben nicht wie geplant weiterführen. Ich gerate sehr in Eile, da ich nachfolgende Termine habe.

„Sie haben wohl nicht zugehört. Wie oft muss ich das denn noch erklären?"

Lösungsvorschlag: Wenn ich etwas Wichtiges erkläre, das für Sie unklar ist, können Sie gerne Rückfragen stellen.

Lösungen

Lösungsvorschlag zu ÜBUNG 9 — Projektplanung

	A	B	C	D	E	F	G	H	I	J	K	L	M	N	O	P	Q	R
1		Vorgang					Januar				Februar				März			
2						1	2	3	4	5	6	7	8	9	10	11	12	13
3/4		1	Erste Teamsitzung			■												
5/6		2	Brainstorming				■	■										
7/8		3	Erster Termin mit der Werbeagentur						■									
9/10		4	Konzept der Agentur anfordern								■							
11/12		5	Konzept- und Änderungsbesprechung									■						
13/14		6	Konzept-Abnahme										■					
15/16		7	Dreh											■				
17/18		8	Postproduktion												■	■		
19/20		9	Feinschliff, Präsentation auf der Homepage														■	■	
21/22		10	Abschlusssitzung																■

Lösungsvorschlag zu ÜBUNG 10   Arbeiten mit Outlook Kalender

Neuer Termin:

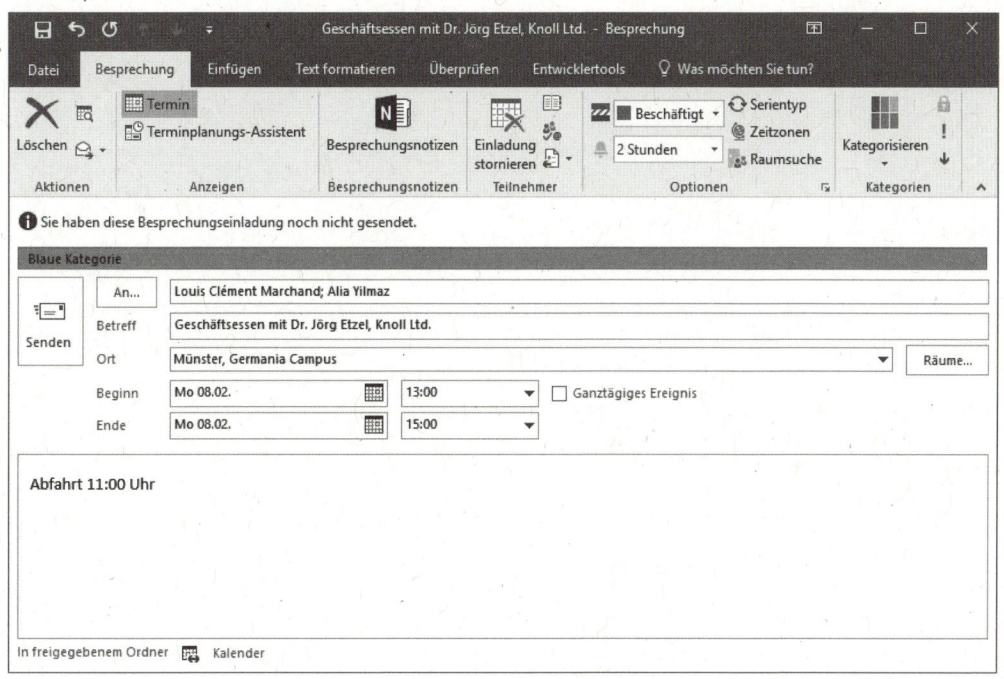

Lösungsvorschlag zu ÜBUNG 10 — Arbeiten mit Outlook Kalender

Fortsetzung

Neue Terminserie:

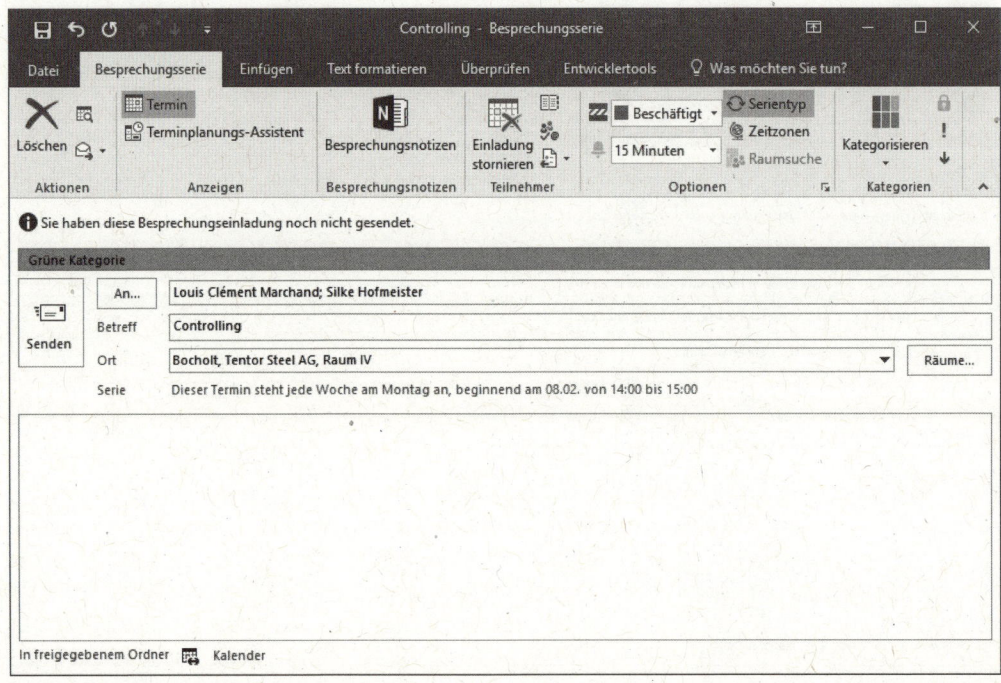

Lösungsvorschlag zu ÜBUNG 10 — Arbeiten mit Outlook Kalender — Lösungen

Fortsetzung

Neue Ereignisserien:

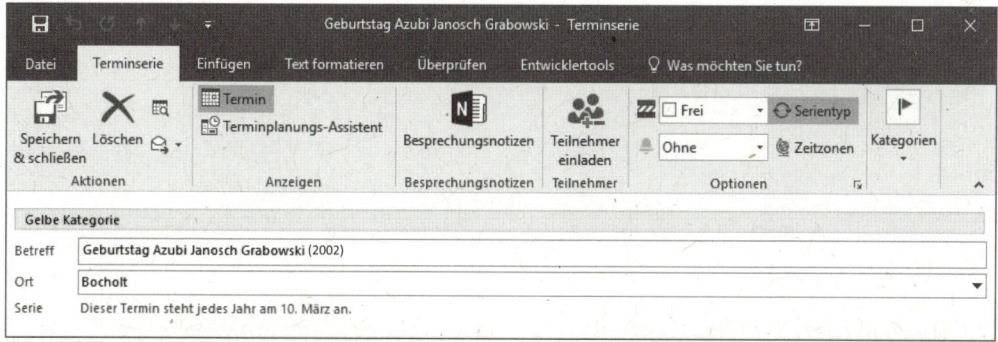

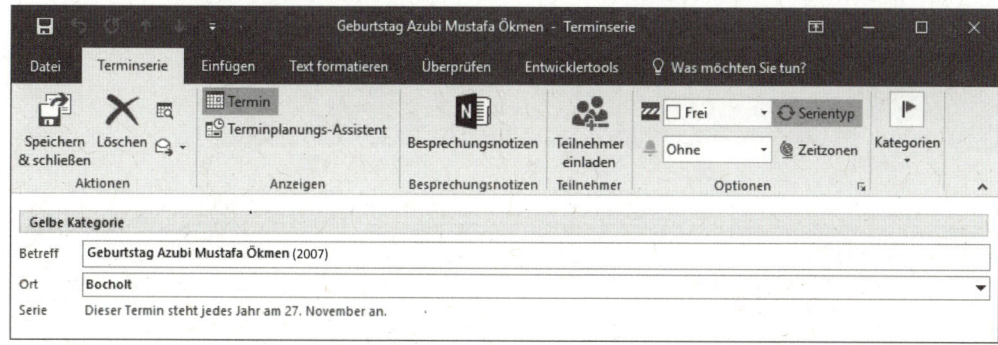

Lösungen

Lösungsvorschlag zu ÜBUNG 10 — Arbeiten mit Outlook Kalender
Fortsetzung

Ganztägiges Ereignis:

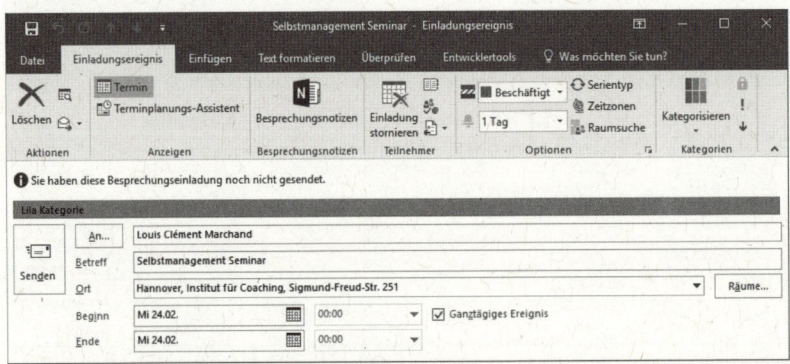

Neue Besprechungsanfrage:

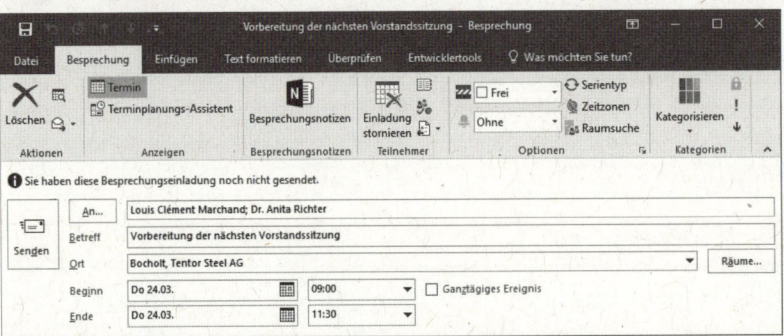

Lösungsvorschlag zu ÜBUNG 11   Aufbewahrungsfristen

Dokument	Eingangs- oder Entstehungsjahr	Gesetzliche Aufbewahrungsfrist	Vernichten 2026	Vernichten im Jahr:
Rechnung, eingehend	2019	8 Jahre		2028
Betriebsabrechnungsbogen	2015	10 Jahre	x	
Buchungsbeleg	2017	8 Jahre	x	
Debitorenliste	2015	10 Jahre	x	
Frachtbrief	2019	6 Jahre	x	
Kontoauszüge	2022	8 Jahre		2031
Kostenträgerrechnung	2015	10 Jahre	x	
Bewirtungsbeleg	2021	8 Jahre		2030
Wertberichtigungsunterlagen	2015	10 Jahre	x	

Lösungen

Lösungsvorschlag zu ÜBUNG 12 — Umsatzstatistik

Hier Jans Lösungsvorschlag für das Liniendiagramm:

	A	B	C
1	Umsätze Heitz Elektro e.K. Vergleich		
2			
3	Monat	Umsatz aktuelles Jahr	Umsatz Vorjahr
4			
5	Jan	78.000,00 €	71.415,00 €
6	Feb	56.800,00 €	49.550,00 €
7	Mrz	52.489,00 €	48.900,00 €
8	Apr	116.433,00 €	76.412,00 €
9	Mai	62.220,00 €	60.735,00 €
10	Jun	48.415,00 €	44.032,00 €
11	Jul	42.545,00 €	47.120,00 €
12	Aug	51.670,00 €	41.900,00 €
13	Sep	82.812,00 €	70.430,00 €
14	Okt	90.718,00 €	73.014,00 €
15	Nov	125.877,00 €	81.811,00 €
16			95.000,00 €

Lösungsvorschlag zu ÜBUNG 13   Säulendiagramm

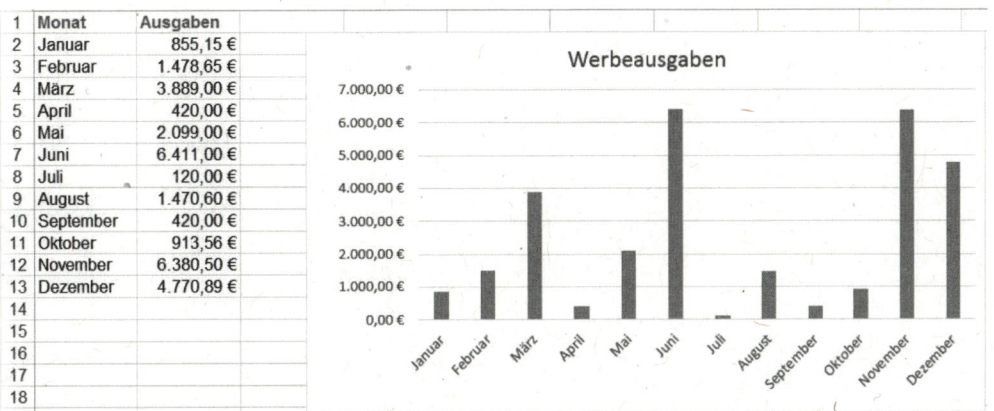

	Monat	Ausgaben
1	Monat	Ausgaben
2	Januar	855,15 €
3	Februar	1.478,65 €
4	März	3.889,00 €
5	April	420,00 €
6	Mai	2.099,00 €
7	Juni	6.411,00 €
8	Juli	120,00 €
9	August	1.470,60 €
10	September	420,00 €
11	Oktober	913,56 €
12	November	6.380,50 €
13	Dezember	4.770,89 €

Lösungen

Lösungsvorschlag zu ÜBUNG 14 — Grafiken erstellen mit PowerPoint

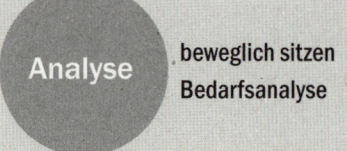
Analyse — beweglich sitzen, Bedarfsanalyse

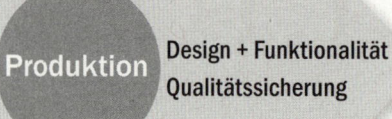
Produktion — Design + Funktionalität, Qualitätssicherung

Vertrieb — Marketing, Kundenzufriedenheit

Lösungsvorschlag zu ÜBUNG 15 — Über Dringlichkeit der Informationen entscheiden

Von: vertrieb@spanplatten-online.de
An: erkan.akay@bussberg-bueromoebel.de
Betreff: Das dringend angeforderte Angebot
Lösung: A.
Erkan bearbeitet als erstes das Angebot und tätigt die daran geknüpfte Bestellung. Diese E-Mail fällt in das Gebiet: sofort bearbeiten, denn es wird offenbar Material für weitere Produktionsprozesse benötigt.

Von: gundula.bauer@cafe-bauer.de
An: info@heitzelektro.de.de
Betreff: Lieferung der bestellten Heizstrahler ...
Lösung: B, da es eine wichtige Aufgabe ist.
Es ist Winter (Datum!: 8. Januar). Heitz Elektro e. K. sollte die Auslieferung der bereits bestellten Heizstrahler schon bald erledigen, damit der Kunde den Außenbereich des Cafés beheizen kann.

Von: office@hotelplus24.com
An: kim.tanaka@tentor.de
Betreff: Ihre Meinung ist uns wichtig!
Lösung: C
Werbe-E-Mail. Kim kann die Nachricht löschen.

Lösungsvorschlag zu ÜBUNG 16 — Geschäftskorrespondenz

Welche Aufgaben musst Du ausführen, um auf das Fax reagieren zu können? Erstelle dazu eine To-do-Liste.

> To-do-Liste Zimmermann & Schneider
>
> 1. rechtliche Lage klären ✓
> 2. bisherigen Schriftverkehr mit den Architekten heranziehen ✓
> 3. Verbleib der Ware ermitteln ✓
> 4. prüfen, ob und wann doch noch geliefert werden kann ✓
> 5. Zimmermann & Schneider schriftlich darüber informieren ✓
> 6. Kunden möglichst überzeugen, dass jetzt doch unverzüglich geliefert werden kann / Schreiben aufsetzen ✓
> 7. sonst überprüfen, ob ein anderer Käufer gefunden werden kann ✓

Welcher Punkt war für das Zustandekommen eines Kaufvertrags rechtlich ausschlaggebend?

Ein Kaufvertrag kommt zustande, wenn ein Verkäufer ein verbindliches Angebot unterbreitet und der Käufer es annimmt = Antrag und Annahme. Damit haben beide eine Willenserklärung abgegeben und stehen in Recht und Pflicht, den Vertrag zu erfüllen.

Ist der Rücktritt vom Kaufvertrag noch einmal abzuwenden? Heitz Elektro hat die Heizkörper noch am selben Tag erhalten und könnte nun liefern.

Aus rechtlicher Sicht befindet sich Heitz e. K. im Lieferverzug, da die Heizkörper nicht bis zum vereinbarten Termin geliefert wurden. Zimmermann & Schneider muss jetzt jedoch zunächst eine angemessene Nachfrist setzen. Das heißt:

Würde Heitz die Lieferung ernsthaft und endgültig verweigern, dann könnte der Käufer seine Rechte geltend machen und somit auch vom Kauf zurücktreten.

Lösungsvorschlag zu ÜBUNG 16 Geschäftskorrespondenz
Fortsetzung

> Erbringt bei einem gegenseitigen Vertrag der Schuldner eine fällige Leistung nicht oder nicht vertragsgemäß, so kann der Gläubiger, wenn er dem Schuldner erfolglos eine angemessene Frist zur Leistung oder Nacherfüllung bestimmt hat, vom Vertrag zurücktreten (vgl. BGB §§ 323 ff).

In diesem Fall ist der Rücktritt jedoch noch einmal abzuwenden, da die Architekten keine angemessene Nachfrist gesetzt haben und Heitz umgehend liefern kann und möchte.

Verbesserungsvorschläge:

Wäre die Verzögerung des Wareneingangs der 32 Heizkörper bei Heitz e. K. bereits früher aufgefallen, hätten die Architekten informiert werden können und ein Aufschub von einigen Tage wäre eventuell problemlos möglich gewesen. In Zukunft kann die entstandene Situation vermieden werden, wenn einige Verbesserungen eingeführt werden.

- stärkere Kontrolle der Termine der Warenlieferungen
- Kommunikation zwischen den Beteiligten der Auftragsbearbeitung verbessern
- Probleme rechtzeitig erkennen
- Kunden frühzeitig informieren

Lösungsvorschlag zu ÜBUNG 16 — Geschäftskorrespondenz

Fortsetzung

Gestaltung des Schreibens:

Heitz Elektro e. K.
Blitzstr. 66
42651 Solingen

Heitz Elektro e. K., Blitzstr. 66, 42651 Solingen
Zimmermann & Schneider Architekten
Auf Messersschneide 19
42103 Wuppertal

Ihr Zeichen:
Ihre Nachricht vom: Fax, 04.01.20..
Unser Zeichen:
Unsere Nachricht vom:
Name:
Telefon: 0212 123 456
Fax: 0212 456 789
E-Mail:
Datum: 04.01.20..

Ihr Rücktritt vom Kaufvertrag

Sehr geehrter Herr Zimmermann,

wir entschuldigen uns für die Lieferverzögerung der georderten Heizkörper und bedauern, dass Sie sich gezwungen sahen, vom Kaufvertrag zurückzutreten.

Ein Rücktritt ist jedoch ohne Gewährung einer Nachfrist nicht möglich.

Wir haben die Ware nun erhalten und sind zur sofortigen Auslieferung bereit.

Wir möchten Sie höflichst bitten, die rechtlichen Grundlagen zu beachten und eine Übernahme der Ware zu ermöglichen. Bitte setzen Sie sich zur Abstimmung eines neuen Liefertermins mit uns in Verbindung.

Da die Heizkörper auftragsbezogen für Sie bestellt wurden, ist uns ein anderweitiger Absatz nicht möglich.

Gerne möchten wir auch weiterhin ein gutes Geschäftsverhältnis mit Ihnen aufrechterhalten.

Mit freundlichen Grüßen

Hubert Heitz

Geschäftsführer

Heitz Elektro e. K.
Sitz: Solingen
Amtsgericht – Registergericht – Solingen
HRA 12345

Geschäftsführer: Hubert Heitz
Bankverbindung:
S + P Bank Solingen
IBAN | BIC

> **Pflichtangaben in Geschäftsbriefen:**
>
> Je nach Unternehmensform gelten unterschiedliche Pflichtangaben in Geschäftsbriefen.
>
> Eine gute Übersicht bietet die IHK auf ihren Internetseiten.
>
> Für Hubert Heitz als eingetragenen Kaufmann mit der Firma „Heitz Elektro e. K." sind die Angaben des Firmennamens, des Firmensitzes, des zuständigen Registergerichts und der Handelsregisternummer verpflichtend.
>
> Sinnvoll, aber nicht Pflicht, ist selbstverständlich die Angabe der Bankverbindung.

Lösungsvorschlag zu ÜBUNG 17 — Eine Veranstaltung organisieren

Lösungen

Checkliste:

- ☐ Termin festlegen
- ☐ Ort finden
- ☐ Ausstattung des Raums prüfen
- ☐ Programm ausarbeiten
- ☐ Infomaterial und Pressemappe anfordern
- ☐ Kostenplan entwerfen
- ☐ Teilnehmer einladen; Einladungen schreiben
- ☐ Einladungen verschicken
- ☐ Anmeldefrist berücksichtigen
- ☐ Referenten finden
- ☐ Abendprogramm
- ☐ Anreise und Unterbringung der Gäste
- ☐ firmeninterne Information weiterleiten, welche Mitarbeiter am Tag der Veranstaltung nicht im Haus sind

Terminplanung:

- Es muss ausreichend Vorlaufzeit eingeplant werden, damit Zeit für die Organisation bleibt und die Teilnehmer den Termin einplanen können.
- Dann ist rechtzeitig ein Raum zu buchen, später ist er vielleicht belegt.
- Der Termin muss darüber hinaus mit den Referenten abgestimmt werden.
- Die Einladungen sind pünktlich zu verschicken.
- Pressemappen müssen rechtzeitig ihren Weg zur Veröffentlichung in die Redaktionen finden.
- Findet die Tagung während einer Messe statt, sollten Überschneidungen mit Veranstaltungen der Konkurrenz vermieden werden.
- Und nicht zuletzt sollte bedacht werden, dass der Termin nicht auf einen Feiertag fällt oder auf den Tag eines wichtigen Fußballspiels, dem Finale der Weltmeisterschaft zum Beispiel.

Lösungsvorschlag zu ÜBUNG 17 — Eine Veranstaltung organisieren
Fortsetzung

Protokollführung:

- wörtliches Protokoll
- Ergebnisprotokoll
- Verlaufsprotokoll
- Gedächtnisprotokoll

Feedback:

Fragen zum Inhalt:

War es informativ?
Haben wir Ihre Erwartung erfüllt?
Waren die Inhalte logisch aufgebaut?
Hat es Sie gefesselt?
Konnten wir das Produkt praxisnah erläutern?
War der Lehrgang für Sie hilfreich?

Fragen zu den Dozenten:

War die Präsentation überzeugend?
Wurden alle Punkte verständlich erklärt?
Sind sie auf Ihre Fragen eingegangen?
War ihr Auftreten in Ordnung?

Fragen zum Umfeld:

Mochten Sie das Ambiente?
Wie war Ihre Unterbringung?
Wie war das Essen?
Hat Ihnen die Abendveranstaltung gefallen?
Hatten Sie ausreichend Rückzugsmöglichkeiten?
Hatten Sie genug Zeit für gute Gespräche?

Und allgemein:

Welche Wünsche und Verbesserungsvorschläge haben Sie für das nächste Mal?

Lösungsvorschlag zu ÜBUNG 18 — Reisekostenabrechnung

Lösung zu Schritt 2. der Aufgabe

Tag	gesetzl. Pauschale €	Kürzung € lt. gesetzl. Regelung	anzurechnender Betrag €
14.12.2024 (Anreisetag)	14,00	-11,20	2,80*
15.12.2024 (Aufenthaltstag)	28,00	-5,60	22,40**
16.12.2024 (Abreisetag)	14,00	-5,60	8,40***

*Erklärung:

Für den Anreisetag stehen Herrn Marchand 14,00 € Verpflegungsmehraufwand zu. Da aber sein Arbeitgeber, die Tentor Steel AG, das Abendessen für ihn und einen Geschäftspartner übernimmt, müssen von den 14,00 € Verpflegungspauschale 11,20 € abgezogen werden. Restsumme = 2,80 €.

**Erklärung:

Für den 15.12. sind die Verpflegungspauschalen für das Mittag- und Abendessen nicht zu kürzen, da Louis Clément Marchand an der geschäftlich veranlassten Bewirtung durch die Stalhub GmbH teilgenommen hat und nicht sein Arbeitgeber die Kosten trägt. Daher muss nur die Pauschale für das Frühstück, das der Arbeitgeber bezahlt, von der Tagespauschale abgezogen werden. Die Restsumme beträgt also 28,00 € - 5,60 € = 22,40 €.

***Erklärung:

Für den Abreisetag darf Herr Marchand eine Pauschale von 14,00 € geltend machen. Weil er von seinem Arbeitgeber aber auch an diesem Tag ein Frühstück bezahlt bekommt, müssen davon 5,60 € Frühstückspauschale abgezogen werden. Restsumme ist also 14,00 € - 5,60 € = 8,40 €.

Lösungen

Lösungsvorschlag zu ÜBUNG 18 — Reisekostenabrechnung
Fortsetzung

Lösung zu Schritt 1.-3. der Aufgabe

Name:	Louis Clément Marchant
E-Mail:	marchand@tentorsteel-ag.com
Zweck:	Verhandlung mit Stalhub Krantechnik GmbH Köln
IBAN:	DE76 4826 0003 0411 1223 33
BIC:	GENODEM3BOH
Personalnummer:	100 67
Abteilung:	Vorstand

Herr Marchant bekommt 207,60 € erstattet.

Rahmendaten	Datumsangaben		
Beginn der Reise	Uhrzeit		
14.12.2024	08:30		
Ende der Reise	Uhrzeit		
16.12.2024	21:00		
Kosten (bereits beglichen)	Datumsangaben	Details (z. B. 2 x à 5 €)	Beträge
Unterbringung	14.12. - 16.12.2024	2 Übernachtungen (2 x 160,00 €)	320,00 €
Verpflegung	15.12.2024	Frühstück	18,90 €
	16.12.2024	Frühstück	18,90 €
Belege (noch zu zahlen)	Datumsangaben	Details (z. B. Taxi)	Beträge
Fahrtkosten		Bahn-Ticket	40,80 €
		Taxi	17,50 €
		Bahn-Ticket	40,80 €
		Taxi	16,00 €
sonstige Verpflegung	14.12.2024	Abendessen	58,90 €
Gesetzliche Pauschalen (Verpflegungsmehraufwand)	Datumsangaben	Kürzung lt. gesetzl. Regelung	anzurechnende Beträge
14,00 €	14.12.2024	11,20 €	2,80 €
28,00 €	15.12.2024	5,60 €	22,40 €
14,00 €	16.12.2024	5,60 €	8,40 €
		Zwischensumme	565,40 €
		Abzüglich der vom Unternehmen bereits übernommenen Beträge	357,80 €
		Erstattung für Mitarbeiter	207,60 €

Notizen

Notizen

Notizen

Notizen

Notizen

Notizen